그래도
살만한 세상(世上)

정준택(鄭埈宅) 지음

운(運)이 좋은 사람 정준택 자서전

그래도 살만한 세상(世上)

발행일　　2020년 11월 9일

지은이　　정준택
펴낸이　　강용석

디자인·인쇄　(주)삼보아트

펴낸곳　　도서출판 삼보아트
주소　　　서울시 중구 필동로 102 삼보아트B/D
홈페이지　http://samboart.kr
전화　　　02-2271-0390
팩스　　　02-2268-6687

정가　　　12,000원
ISBN　　 979-11-91045-01-7 (03190)

이 책은 저작권법에 따라 보호를 받는 저작물이므로 무단전재와 무단복제를 금지하며,
내용의 전부 또는 일부를 이용하려면 반드시 저작권자와 도서출판 삼보아트의 동의를 받아야 합니다.
잘못된 책은 바꾸어 드립니다.

운(運)이 좋은 사람 정준택이
딸들에게 전하는 편지

그래도 살만한 세상(世上)

정준택(鄭埈宅) 지음

도서출판 삼보아트

시작(始作)하며

'그래도 살만한 세상'
내게 깨우쳐 준 주변 분들께 감사하다

내가 걸어온 길을 정리(整理)해야겠다고 생각한 것은 꽤 오래됐다. 6살 때 아버지가 돌아가시고 고등학교 2학년 때 어머니가 돌아가신 후, 혼자 알바를 하면서 대학을 마치고 취직하여 여기까지 왔다.

결혼 후 첫 애를 병원의 실수(失手)로 잃을 수밖에 없었고, 다시 낳은 큰 애의 돌 무렵 내가 신장(腎臟)이 안 좋아 병원을 전전하며 근 1년여간 치료를 받아야 했던 사연(事緣)들을 가슴에 묻고 살면서, 그래도 웃음을 잃지 않고 지낼 수 있었던 것은 어려울 때마다 '그래도 살만한 세상(世上)'이라는 사실을 내게 깨우쳐 준 주변(周邊)의 좋은 분들이 계셨기 때문이다.

나를 아는 사람들의 대부분은 아직도 내가 부잣집 막내아들 정도로 생각한다. 나의 딱한 사정을 알고 고비 때마다 도와주신 많은 분들의

 은혜(恩惠)에 보답(報答)해야 한다는 생각과 유산(遺産)이라고는 한 푼도 받지 못한 시골의 가난한 집 막내아들이라서 혼자서 살아가야 한다는 굳은 의지(意志)가 나를 여기까지 있게 했다. 몇 번의 고비가 있었지만 부모님을 일찍 여의고 나서 나는 자식들 결혼할 때까지는 책임지는 부모가 되겠다고 스스로에게 한 약속을 상기하며 다시 힘을 냈다.

 살아오면서 '사람이 재산(財産)이다'는 진리를 스스로 터득할 수 있었고, 좋은 사람과의 관계를 이어나가기 위해서는 '분별(分別)하고 배려(配慮)할 줄 알아야 한다'는 사실도 깨달을 수 있었다.

1983년 2월 대학을 졸업(卒業)한 후, 한국보험공사(韓國保險公社)에 입사(入社)하였으나, 1989년 한국보험공사가 보험감독원(保險監督院)으로 바뀌었다. 1999년엔 보험감독원이 은행감독원(銀行監督院), 증권감독원(證券監督院), 신용관리기금(信用管理基金)과 함께 금융감독원(金融監督院)으로 통합되면서 32년을 근무하고 2015년 3월 3일자로 명예퇴직(名譽退職)을 했다.

이후 GA Korea 고문(顧問), NH농협생명보험 상근감사위원(常勤監事委員)을 거쳐, 2019년 6월부터 코리안리재보험(Koreanre再保險)의 내부감사(內部監査) 책임자로 근무하고 있다.

한 직장(職場)에서 30년을 근무하기도 어려운데, 환갑(還甲)을 넘긴 나이에 4번째 회사에서 직장생활을 38년째 하고 있으니 나는 참 운(運)이 좋은 사람이다.

물론 그 동안 여러 사연(事緣)과 곡절(曲折)이 있었지만 '그래도 세상은 살만한 곳'이라는 긍정적(肯定的)인 마인드로 버틸 수 있었다. 그래서 내가 걸어온 길을 정리(整理)해서 사랑하는 나의 두 딸에게 전해줘야겠다는 생각을 하게 되었다.

이 책은 순전히 저의 기억에 의존하여 사실(fact)에 입각해 쓴 것으로

일부 내용이나 시간적 기술에 착오(錯誤)가 있을 수 있습니다. 애초 애들에게만 주려고 하였으나 주변의 권유로 출간(出刊)하게 되어, 저와 인연을 맺은 분들에게 일일이 동의(同意)를 다 구하지 못했습니다.

본의 아니게 불편을 드린 부분이 있다면 머리 숙여 용서(容恕)를 구합니다. 널리 양해(諒解)하여 주시기 바라며, 혹시 잘못된 부분이 있다면 기꺼이 바로 잡도록 하겠습니다.

2020년 11월

정 준 택
(ada119@naver.com)

추천사 1

늘 웃으면서
맡은 바 소임을 다하는 그가
앞으로도 더 크게 활약할 것을
기대해 본다

내가 금융감독원 수석(首席)부원장으로 부임하면서 정준택감사를 처음 만났다. 늘 바른 용모(容貌)와 여유있는 표정이어서 꽤 괜찮은 집안의 자제(子弟)로만 생각했다. 그런 그가 전형적인 흙수저 출신이었고, 부모님이 안 계신 가운데 혼자서 역경(逆境)을 이겨내고 여기까지 왔다니 놀랍다.

당시 그는 분쟁조정국 총괄팀장으로서 실무에 밝을 뿐만 아니라 내가 위원장으로서 매월 두 번씩 열리는 금융분쟁조정위원회에서 토의 안건을 준비하는 담당 팀장이었다.
위원회까지 올라오는 금융분쟁 사건들은 내용이 매우 복잡하고 당사자간 주장도 첨예(尖銳)한데, 이를 위원들이 이해하기 쉽게 파워포인트로 일목요연(一目瞭然)하게 보여줌으로써 사전 배포된 안건을 미처 읽지 못한 위원들도 금방 이해할 수 있게 되어, 위원회의 효율적인 운영에 크게 기여(寄與)하였다.

위원들의 토론 과정에서 질문하는 사항들에 대해서도 막힘없이 답변하는 등 분쟁조정 전문가(專門家)로서의 역량도 유감없이 발휘했다. 금융감독원 직원들은 대체로 검사(檢査)·감독(監督) 부서를 선호하고 민원(民願)·분쟁조정(紛爭調停) 부서를 기피하는데, 그는 이에 아랑곳하지 않고 보험감독원과 금융감독원에서 분쟁조정 업무를 16년 동안 불평(不平)·불만(不滿) 없이 묵묵히 수행했다.

내가 농협금융지주회장으로 있던 2017년 4월 정감사가 농협생명보험의 상근감사위원으로 와서 1년 동안 같이 근무하였고, 2019년 6월 내가 고문으로 있는 광화문의 로펌(law firm) 근처 코리안리재보험의 감사로 와서 가끔 보게 됐으니, 나와 그의 인연(因緣)도 예사롭지만은 않은 것 같다.

늘 웃으면서 맡은 바 소임(所任)을 다하고 주변에 어려운 사람들도 살필 줄 아는 그가 앞으로도 다양한 분야에서 더 크게 활약(活躍)할 것을 기대해 본다.

법무법인 세종 고문 **김용환**

추천사 2

자식에게 유품으로 남겨줄 수 있는 글을 써봐야겠다는 결심을 다지는 시발점이 되기를…

누구나 한번씩 자신이 살아온 삶을 글로 정리하고 싶은 생각을 하지만 실제 행동으로 옮기는 사람은 소수에 불과할 것입니다. 그래서 정준택 감사님이 갑자기 뜬금없이 자서전을 썼다고 원고를 주며 추천사를 부탁했을 때, 내용을 다 읽어봐야 하나 하는 부담감이 없지 않았습니다.

하지만 처음부터 평소에 잘 알고 지냈지만 깊은 속 사정까지는 몰랐던 사람의 비밀일기를 읽는 재미에 빠져 순식간에 원고를 다 읽게 되었습니다. 글을 읽는 내내 정감사님의 삶에서 한국의 근현대사를 함께 살아온 저도 공감되는 부분이 많아서 가슴이 찡했으며 제가 겪지 못한 수많은 우여곡절을 경험했음에도 항상 밝은 모습을 보였던 정감사님의 내공에 감탄을 금할 수 없었습니다.

　정 감사님이 자서전을 쓰신 배경이 자식들에게 자신의 삶을 진솔하게 들려주면서 앞으로 자녀들이 인생을 사는 데 도움을 주고 싶다고 밝히셨듯이 유년기부터 현재까지 살아온 과정을 가감 없이 마치 제 3자의 시선처럼 써내려간 글을 읽다 보면 독자들의 연령 고하를 막론하고 과거의 삶을 회상하며 반성도 하고 앞으로의 미래에 대한 조언도 받을 수 있는 인생지침서가 아닐까 생각합니다.

　요즘 코로나19로 인해 코로나 블루라는 말이 나올 정도로 많은 사람들이 지치고 힘들어 하는 것을 보면서 더 힘들게 인생을 살아온 선배들의 삶의 궤적을 통해 도전받고 새 힘을 얻을 수 있는 책이 필요하다는 생각을 갖던 참에 저 역시 글을 읽으며 큰 감동과 위로를 받았기에 독자들의 일독을 권합니다.

　부디 이 책이 젊은이들에게는 인생에 대한 설계와 새출발을 할 수 있는 계기가 되고, 중년과 노년의 어르신에게는 자신도 자식에게 유품으로 남겨줄 수 있는 글을 한번 써봐야 하겠다는 결심을 다지게 하는 시발점이 되기를 바랍니다.

코리안리재보험㈜ 사장 **원 종 규**

추천사 3

인간 정준택의 삶의 기록이자
우리들의 자화상(自畫像)

이 책은 인간 정준택의 삶의 기록이자 우리들의 자화상(自畫像)이다.

같은 고향(故鄉)이지만 읍, 면이 달라서 서로 알지 못했던 정준택 후배(後輩)를 처음 만난 것은 10여년 전 동향 친목단체인 『장생탐진포럼』에 그가 참석하면서다. 당시 금융감독원(金融監督院) 국장으로 있던 그는 공직(公職)에 있는 사람 같지 않게 인간미(人間味)가 있었고, 늘 마음의 여유가 있어 보여서 부잣집 막내 아들인 줄 알았다.

그런 그가 전형적인 흙수저 출신이었고, 어려운 환경에서도 좌절(挫折)하지 않고 혼자서 헤쳐 나왔다는 사실에 놀랐다.

그는 6살 때 아버지가 돌아가시고 고등학교 2학년 때 어머니가 돌아가신 후, 혼자 알바해서 등록금과 하숙비, 생활비를 조달(調達)하며 대학을 다녔다. 그러다 대학생 과외를 금지하는 바람에 가가호호(家家戶戶) 돌아다니며 비누를 팔고, 시외버스 안에서 비옷을 팔며 학비를 벌기 위해 동분서주(東奔西走)한 끝에 대학을 마치는 과정이 지금 눈앞에서 일어나는 일처럼 생동감 있게 그려져 있다.

산부인과 병원의 실수로 아들을 잃은 황망(慌忙)한 상황과 자신이 신장이식수술을 받아야 할 위급(危急)한 처지에서도 굴하지 않고 의연(毅然)하게 극복해 나가는 과정도 적나라하게 나타나 있다.

뿐만 아니라, 공직(公職)과 민간(民間)에서 38년째 직장생활을 하면서 터득한 노하우와 살면서 맺은 여러 사람들과의 인연(因緣)을 가감 없이 적고 있다.

요즘 세대에게는 다소 생경(生硬)한 이야기일지 몰라도 그의 이야기는 바로 시대를 함께 살아온 우리들의 이야기로, 여러모로 힘든 이 시대의 젊은이들에게 용기를 줄 수 있는 내용이다.

그는 3년 전부터 우리 모임의 골프회장을 맡아 공손한 자세와 특유의 친화력(親和力)으로 선후배들을 잘 아우르면서 월례회(月例會)를 주관하는 모습이 남다르다. 그런 그의 행동이 "사람이 재산"이라는 본인의 체험(體驗)에서 나온 것임도 이제야 알게 되었다.

호남형(好男形)의 준수한 외모에 매사 끊고 맺음이 분명하고 시원시원한 성격의 그가 공직과 민간에서의 다양한 경험(經驗)을 바탕으로 앞으로는 또 어떤 모습을 보여줄지 기대된다.

인생의 선배로서 한 걸음 떨어진 곁에서 지켜보면서 그를 응원(應援)하고자 한다.

MDM · 한국자산신탁 회장 **문 주 현**

추천사 4

친구를 얻는 유일한 방법은
자기가 먼저 친구가 되는 것이라

어느 가을날 오후에 나는 반가운 문자를 받았다. 한국의 준택이다.

"내가 살아온 과정을 정리해 보았는데 추천사를 하나 써 줄 수 있겠냐?"는 내용이었다.

"내가 자네의 회고록에 추천사를 쓸 만한 자격이 있겠는가?"라고 사양했지만, 결국은 쓰게 되었다.

고민은 여기서 부터다. 내가 고국을 떠나온 지 삼십 년이 훌쩍 넘어서 친구에 대한 살가운 추억들이 없었던 것이다. 내가 어려서부터 좋아했고 자랑스럽게 생각했던 친구였지만 막상 그에 대해서 쓰려고 하면 옛날 학창시절의 추억들뿐이었다.

그래서 겁이 더럭 났다. 기껏해야 중고등학교 시절에 함께 했던 시간들뿐… 그것도 우리는 실장단 모임이나 전체 학생회 모임에서만 잠깐씩 만났던 시간들이었다. 고등학교 써클에서도 서로 다른 클럽이어서 둘만의 친밀한 시간을 갖지 못했다.

졸업 후 서로 진학한 대학이 달랐고 나는 곧바로 전투경찰에 입대해서 제대한 후에 미국으로 이민을 떠났기 때문이다.

약 5년 터울로 나는 고국을 방문했다. 그때마다 친구는 재경동기들의 모임을 주선해서 우리는 뜨겁게 어깨동무하며 서울을 누볐다. 1991년이었던가? 친구가 보험감독원에서 연수차 미국을 방문해서 나는 아내랑 함께 친구를 애너하임(Anaheim) 디즈니랜드(Disneyland) 근처에서 만났다.

그 후 우리는 한국과 미국에서 각자의 삶에 충실하다 보니 서로에게 좀 소홀했던 시간들이 있었다. 마침 작년에 친구가 아내와 둘째 해정, 그리고 영철이 친구 부부랑 미국을 방문해서 함께 시간을 보낸 기억들이 전부다.

이제는 뾰쪽한 수가 없어 친구가 보내준 회고록(回顧錄) "그래도 살만한 세상"을 안광(眼光)이 지배를 철하듯 읽어 내려갔다. 담담한 필치로 써간 친구의 회고록을 보면서 나는 지금까지 정준택이라는 친구를 겉

모양만 알았던 것을 깨달았다.

그가 그렇게 힘든 어린 시절을 보냈고 치열하게 그리고 성실하게 살아온 그의 자취를 더듬어 보면서 형용할 수 없는 감동과 멋진 모습을 발견하였다.

6살에 부친을 여의고 고등학교 2학년 때 모친을 여의고도 한 점 구김 없이 꿋꿋했던 학창시절의 친구 준택, 사랑하는 큰아들을 의료사고로 잃고 본인도 신장염으로 고통스런 시간을 보냈음에도 늘 웃음을 잃지 않았던 준택, 두 형님들이 계셨지만 혼자서 알바를 하며 의연하게 대학을 마친 준택, 젊은 날 주변의 숱한 여인들의 구애를 뜨겁게 절제(節制)한 열정의 사나이 준택…!
내가 어렸을 적 기대했던 멋진 그의 모습이어서 무척 행복했다!

큰딸 은지를 멋진 녀석에게 시집보내고 둘째 해정이의 사윗감을 간절히 기다리는 친구와 해연씨!

정준택이라는 멋진 아버지를 둔 은지와 해정에게 무한한 격려의 박수를 보낸다. 세상 어디에도 너희 아버지만 한 분은 없다고 내가 보증할게! 또한 하나님을 향한 깊은 신앙(信仰)을 가지고 묵묵히 남편을 내조(內助)하고 사랑한 우리 해연씨에게도 파이팅을 외치고 싶다.

시인 에머슨(Emerson)의 말이 생각나네. "친구를 얻는 유일한 방법은 자기가 먼저 친구가 되는 것이라"(The only way to have a friend is to be one)고. 우리 그동안 너무 격조했제, 준택!

캘리포니아에서 친우 **김 선 웅**
(미국 겨자씨성경연구원 원장)

Contents

시작(始作)하며	'그래도 살만한 세상' 내게 깨우쳐 준 주변 분들께 감사하다	004
추천사	법무법인 세종 고문 **김용환**	008
	코리안리재보험㈜ 사장 **원종규**	010
	MDM·한국자산신탁 회장 **문주현**	012
	미국 겨자씨성경연구원 원장 **김선웅**	014

Part I 성장기(成長期)

어린 시절(時節)	024
전향(轉向)	027
영어(英語) 선생님	029
기구(崎嶇)한 팔자(八字)	033
어머니의 한(恨)	036
어머니의 빈 자리	040
예비고사(豫備考査)	042
대학입학(大學入學)	044

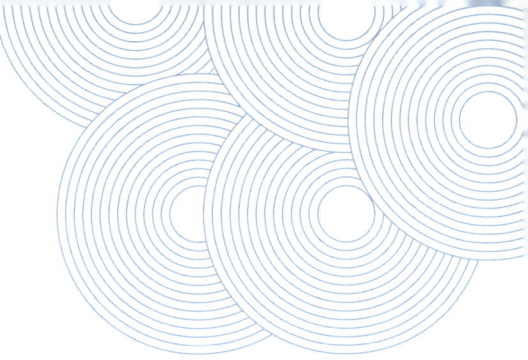

Part Ⅱ 대학생활(大學生活)

과외금지	050
5·18 광주	053
버스 행상(行商)	057
갈등(葛藤)	062
나로도	067
야구장	070
취업	072

Part Ⅲ 인연(因緣)

펜팔(pen pal)	078
소개팅	084
실연(失戀)	087
약혼(約婚)	094
결혼(結婚)	100
누나	104
회장님	110
농협생명	115
이직(移職)	119

Contents

Part Ⅳ 시련(試鍊)

- 못다 핀 꽃 ······ 124
- 신장염(腎臟炎) ······ 132
- 스트레스 ······ 138
- 인생무상(人生無常) ······ 141
- 아내의 경고(警告) ······ 146
- 천만다행(千萬多幸) ······ 150
- 안녕 작은 형(兄) ······ 154
- 가족력(家族歷) ······ 158
- 주향천리(酒香千里) ······ 162

Part Ⅴ 슬기로운 직장생활

- 미국연수(美國研修) ······ 168
- 부메랑(boomerang) ······ 173
- 방송출연(放送出演) ······ 176
- 눈높이 강의(講義) ······ 179
- 광주지원장(光州支院長) ······ 183
- 세종연구소(世宗研究所) ······ 187
- 동양(東洋)그룹 사태(事態) ······ 190
- 명예퇴직(名譽退職) ······ 194
- 유머(humor) ······ 197
- 건배사 ······ 201

Part Ⅵ 다양한 체험(體驗)

하숙집 & 하숙생 ··· 206
필드(field) 경험(經驗) ································· 210
진로(進路) ··· 224
적정(適正) 결혼시기(結婚時期) ··················· 227
다른 DNA ··· 232
내려놓기 ··· 237
내집마련 ··· 241
주례(主禮) ··· 247
보험법(保險法) ··· 251

Part Ⅶ 마무리

두 딸과 사위에게 ······································ 258
사람이 재산 ··· 265
마치면서 ··· 268

붙임

맛보기 유머 ··· 270
맛보기 건배사 ·· 280

Part I

성장기(成長期)

어린 시절(時節)・전향(轉向)
영어(英語) 선생님・기구(崎嶇)한 팔자(八字)
어머니의 한(恨)・어머니의 빈자리
예비고사(豫備考査)・대학입학(大學入學)

어린 시절(時節)

나는 삼 형제의 막내로 태어났다. 아버지는 내가 여섯 살 때 돌아가셨으니 어렴풋이 얼굴만 기억날 뿐 아버지와의 추억(追憶)은 거의 없다.
 어려운 집안 형편 때문에 두 분 형님들은 고등학교(高等學校)도 제대로 마치지 못한 채 객지(客地)에 나가 돈을 벌어야 했고 막내인 나는 어머니와 단둘이 살면서 밭농사를 짓는 어머니를 도우면서 학교(學校)에 다녀야 했다. 그래도 굶지 않고 살았던 것은 순전히 억척스런 어머니 덕분(德分)이었다.

 어머니를 보면서, 그리고 가정 형편 때문에 학업을 계속하지 못하고 일찍 취업 전선에 뛰어든 형님들을 생각하면서 철이 일찍 들어서인지 열심히 공부했다.

내 고향은 정남진(正南津)¹⁾이라고 불리는 전라남도 장흥군(長興郡)이다. 내가 살던 마을은 장흥 읍내에서 4km 정도 떨어진 곳이었는데 집에서 가까운 곳에 장흥남국민학교(요즘의 '초등학교')가 있었다. 국민학교 5학년 때, 야구 바람이 불었고 나도 비닐 비료포대로 만든 야구 글러브(glove)를 가지고 고무공으로 주고받는 야구놀이를 동네에서 하고 있었다.

마침 가정방문차 마을에 들렀던 담임(擔任)선생님께서 그 모습을 보시고 얼마 지나지 않아 학교 야구부(野球部)에 들어오라고 하셔서 졸지에 야구선수(野球選手)를 하게 되었다. 더욱이 담임선생님께서 야구 코치(coach)를 겸하셨기에 선생님 말씀이 곧 법(法)과 같던 시절이라 하라고 하면 본인의 의사(意思)와 관계없이 해야만 했다.

나는 야구에 소질이 있었던지 투수(投手)를 하였고, 6학년 가을에 우리 학교의 주축 투수 겸 4번 타자(打者)로서 '장흥중학교장기 쟁탈(爭奪)' 야구대회에 출전하게 되었다. 그 당시 전라남도의 군(郡) 단위 학교로서는 드물게 장흥중학교에 야구부가 있었고, 그 영향(影響)으로 장흥읍내 4개 국민학교에 모두 야구부가 있었는데 그 때문에 대회는 굉장히

---

1) 정남진(正南津)은 서울의 정남쪽에 있다고 알려진 나루터이다. 광화문으로부터 정남쪽을 가리키며 전라남도 장흥군에 해당한다. 서울의 정동쪽에는 정동진(正東津)이 있다.

치열했다. 4개 학교가 토너먼트(tournament)로 경기를 치렀는데 다행히 우리는 1차전을 승리하여 결승(決勝)에서 장흥국민학교와 맞붙게 되었다. 우리학교보다 40여년 먼저 생긴 장흥국민학교는 읍내 중심가에 위치해서 학생수가 학년당 3학급인 우리학교 보다 3배 이상 많은 학교로 선수층이 두터워서 객관적인 전력(戰力)으로는 당연히 우리가 열세(劣勢)였다.

경기가 열리는 장소도 장흥국민학교 운동장이었으니 응원 열기도 뜨거워서 여러모로 우리가 불리(不利)했다. 그러나 운동경기가 실력대로만 그 결과가 나타나면 무슨 재미가 있겠는가? 모두의 예상을 깨고 우여곡절(迂餘曲折) 끝에 우리가 승리하여 우승(優勝)을 차지했고, 투수였던 나는 최우수선수상(最優秀選手賞)을 받으면서 장흥국민학교 포수 A와 함께 장흥중학교 야구장학생(野球獎學生)으로 선발(選拔)되었다.

그날 최우수상 트로피를 받고 찍은 사진, 중·고등학교 앨범 등 나의 과거는 대학 졸업하고 하숙집에 잠시 맡겨두고 서울로 올라와서 나중에 찾으러 갔는데 어디에 두었는지 찾지 못해서 지금은 아무런 흔적조차 없으니 안타깝다. 당시 야구 우승했다고 교장선생님께서 읍내에서 유일한 중국집에서 볶음밥을 사주셨는데 그때 처음 먹은 볶음밥의 맛은 지금까지도 내가 먹어본 중국음식 중에서 최고(最高)였다.

전향(轉向)

　야구 장학생으로 선발되는 바람에 중학교에 입학해서도 야구를 계속할 수밖에 없었다. 장학생의 혜택(惠澤)은 기성회비(期成會費) 면제와 철따라 학교 단골 양복점에서 교복(校服)을 새로 해 주었다. 그러나 초등학교와 달리 중학교에서의 야구선수 생활은 녹록하지 않았다. 오전 수업만 받고 오후에는 운동장에 모여 야구연습을 하기 때문에 자연히 학업성적이 떨어질 수 밖에 없었다.
　어머니께서 학교에 찾아오셔서 야구를 그만두게 해달라고 몇 번 사정(事情)했지만, 야구 코치(coach)는 내가 장학생으로 입학을 했고 가장 중요한 포지션인 투수(投手)여서 빼줄 수 없다고 했다. 가정형편상 형들은 일찍이 취업전선에 뛰어 들었지만, 어머니는 삼 형제의 막내인 나만은 공부를 시키겠다는 의지(意志)가 강하셨다.

그 당시는 프로야구가 생기기 전이라 야구를 잘 해야 가는 곳이 실업(實業)팀이었고, 결국에는 초·중·고등학교에서 야구 코치를 하는 것이기 때문에 야구선수의 전망(展望)이 그리 밝지 않아서 나도 야구를 계속하고 싶지는 않았다.

하지만, 같이 야구하는 다른 선수들도 있는데 혼자만 야구를 그만두겠다는 말을 내 스스로 할 수는 없었다. 중학교 1학년 2학기말에 30여 명에게 주는 우등상(優等賞)을 가까스로 받게 된 사실을 안 어머니께서는 2학년이 되자 학교에 다시 오셔서 더 이상은 안 된다고 간곡(懇曲)히 말씀하셨고, 그 당시 임시(臨時) 담임을 맡고 계셨던 C선생님께서 어머니의 사정 얘기를 들으시고는 여러 가지를 고려할 때 나는 공부하는 게 낫겠다고 교장선생님과 야구 코치를 설득(說得)하여 야구를 그만할 수 있도록 배려(配慮)해 주셨다.

그해 5월 광주에서 열리는 교육감기 쟁탈 야구대회까지만 출전하고 마치도록 학교에서도 허락(許諾)해 준 것이다. 결국 그해 6월초에 나는 야구를 그만두고 다시 공부에 전념(專念)할 수 있게 되었다.

영어(英語) 선생님

　야구를 그만 두고는 다시 미진(未盡)한 공부를 시작해야 했는데, 그때 영어(英語) 담당 C선생님께서는 서울에서 대학을 졸업하고 초임(初任)으로 연고도 없는 장흥에 오셨고, 작은 체구에도 피부가 하얗고 동안(童顔)이어서 학생들 사이에 인기(人氣)가 많았다.

　읍내에서 다른 여선생님하고 자취를 하셨는데, 한창 호기심(好奇心)이 많을 때라 주말이면 친구들과 함께 선생님댁의 담을 넘어 식사하는 모습을 엿보았던 기억이 난다.

　선생님께서는 내가 다시 영어를 공부하는데 많은 도움을 주셨다. 그 당시 영어시간에 선생님께서 해주셨던 "남자는 자기를 알아주는 사람이 있으면 살고, 여자는 자기를 사랑해 주는 사람이 있으면 산다!"는 말씀은 어린 나이에도 내 가슴에 와 닿았고, 지금까지도 많이 공감(共感)

하고 있다. 그런 선생님과는 중학교를 졸업하고 소식이 끊겼다.

 2015년 여름, 중학교 동창회(同窓會)에서 지금은 미국에 거주(居住)하신다는 선생님을 다시 만나 뵐 수 있었다. 중학교 동창인 한 친구가 연수차 미국에 갔는데 놀랍게도 거기서 한의원(韓醫院)을 하시는 선생님을 만났다는 것이다.
 그리고 선생님께서 두 달에 한 번씩 한국에 오신다는 소식과 함께 선생님 귀국에 맞춰서 동창들 모임을 갖자고 했다. 너무나 반가운 마음에 선생님을 뵙기 위해 동창회에 갔더니 이제는 초로(初老)의 이웃집 할머니처럼 푸근한 선생님이 예전의 그 따뜻함으로 우리를 맞아 주셨다.

 40년이 지나서 다시 만난 선생님 곁에 앉아서 그 동안의 선생님 삶에 대해 들을 수 있었다. 공립(公立)학교에 계셨던 선생님께서 경기도 성남시(城南市)에서 근무하시다가 마흔이 넘어서 미국을 가시게 되었고, 미국에서 한의학을 공부해서 한의학 박사(博士)가 되어 「South Baylo University」라는 한의대에서 병원장과 교수를 하시던 중 친정(親庭)어머니께서 노환(老患)으로 전남 영광에 있는 요양병원(療養病院)에 계시게 되어 미국과 한국을 오가며 어머님을 돌보고 계신다고 하셨다.
 누구나 한 번쯤은 겪어야 하는 과정 속에서도 웃음을 잃지 않고 직면한 현실을 헤쳐 나가고 계시는 모습을 보면서 많은 것을 깨닫게 되었다.
 그간 살아온 이야기를 나누는 중에 나 역시 결혼하고 얼마 안 지나서

LA 근교, C선생님과 친구들

신장이 안 좋아 고생했었다는 말씀을 드렸다. 선생님께서는 다음 날 다시 미국으로 가신다며 나중에 다시 와서 만나자는 말씀을 남기고 홀연히 떠나셨다.

며칠 후 선생님께서 신경을 많이 쓰거나 피곤할 때 복용하는 귀한 약재라며 손수 만드신 "공진단"을 우편으로 보내 주셨다. 생각지도 않은 선생님의 깜짝 선물을 받으니 고맙다는 생각보다 선생님께 어떻게 보답해야 할지 걱정이었다. 그리고 사람이 살아가면서 세 번 변한다는데 선생님은 지금의 생활이 몇 번째의 변화일까 궁금했다.

얼마 후 선생님께서 한국에 들어오는 기회가 있어 내가 있는 여의도

사무실까지 직접 방문해 주셔서 많은 이야기를 나누었다. 그렇게 한국과 미국을 오고 가시던 선생님께서는 안타깝게도 어머님을 2016년 1월에 하늘나라로 보내시고, 연이어 오빠마저 하늘나라로 떠나신 후에야 미국에서 안정된 생활을 하고 계신다.

  2019년 설 명절에 아내와 둘째 해정이, 친구 영철이 부부와 함께 미국 서부(西部) 투어(tour)를 갔었는데, 한의원을 하시는 선생님께서 그날의 모든 환자를 다음 날로 미루고 온종일 우리들과 함께 해 주셨다.
  선생님께서 나를 진맥하시더니 건강에 대해 여러 설명을 해 주시면서 오행(五行)으로 노랑 색깔이 좋으니 순금을 몸에 지니면 좋다고 하셔서, 귀국 후부터 왼손에 순금반지를 끼고 있다.
  지금도 미국에 계시는 선생님과는 가끔 안부(安否)를 전하며 지내고 있는데, 70이 넘으셨으면서도 바쁜 시간을 쪼개서 여러 나라를 다니시면서 의료 혜택을 받지 못하는 분들을 위해 열심히 봉사(奉仕)하고 계시는 선생님께 존경(尊敬)과 감사(感謝)의 마음을 전하며 늘 건강(健康)하시기를 기원(祈願)해 본다.

기구(崎嶇)한 팔자(八字)

　고향이 해남군(海南郡) 산이면(山二面)이셨던 아버지는 일제시대(日帝時代) 광주농업고등학교를 졸업하고 농협(農協)에 근무하시면서 어머님을 만나 결혼을 하셨다. 해남 본가(本家)는 농사가 많고 그 당시 할아버지 할머니가 살아 계셨는데 본(本)채와 사랑(舍廊)채, 별(別)채까지 있는 꽤나 큰 집이었다.

　아버지는 어머니와 재혼(再婚)이고 어머니는 초혼(初婚)이었다. 아버지께서 처음에 다른 분(큰 어머니)과 결혼해 해남 본가에서 살면서 아들을 낳았는데 그 분과는 여러모로 안 맞았다고 한다. 그 당시는 집안끼리 부모들이 정해준 혼례(婚禮)를 치르는 시절이었고 서로 안 맞아도 그냥 사는 시절이었지만 워낙 안 맞았던지 아버지께서 그분과 결국 이혼(離婚)을 하고 전답(田畓)으로 충분한 보상도 해줬다고 한다.

그 후 아버지는 혼자 계시다가 무남독녀(無男獨女)인 어머니를 중매(仲媒)로 만나 재혼(再婚)을 하시게 된 것이다. 초혼(初婚)이신 어머니가 왜 한번 결혼한 아버지와 결혼을 하셨는지 자세히 알 수는 없으나, 어머니 사주(四柱)를 봤더니 그런 혼처(婚處)에 결혼할 팔자라는 얘기에 결국 결혼을 하셨다고 한다.

처음엔 해남읍에서 사시다가 장흥으로 이사를 하신 것이다. 그때 아버지께서는 나중에 할아버지가 돌아가시면 해남 본가(本家)로 들어가실 생각으로 처가(妻家)살이를 하셨는데 이후 외할아버지와 외할머니가 돌아가셨다.

결혼 후 어머니는 큰 어머니가 낳은 이복형(異腹兄)을 해남에서 데려다 직접 키우셨고, 우리 삼 형제까지 낳으셨다. 그런데 할아버지 보다 아버지께서 지병(持病)으로 먼저 돌아가시면서 어머니와 우리는 해남으로 들어가지 못하게 되었다.

그런 와중에 아버지와 이혼하셨던 큰 어머니는 다른 분과 재혼(再婚)을 하셨다가 또 다시 실패(失敗)하고 고향으로 돌아왔는데, 마침 아버지가 돌아가셨다는 소식을 듣고는 당신이 낳은 아들 생각이 나서 자연스레 할아버지 할머니가 사시는 본가(本家)를 출입(出入)하게 되었고, 큰 어머니가 돌아왔다는 소식을 들은 이복형 또한 본가로 돌아가 자연스레 생모(生母)와 같이 지내게 된 것이다.

우리들은 본가로 들어가지도 못하고 아버지 제사 때 본가에 들르면 자연히 서자(庶子)취급을 받았다.

  그러다 할아버지 할머니가 돌아가시면서 본가는 완전히 큰 어머니와 이복형의 집이 되었고 우리 삼 형제는 장흥에서 어머니를 모시고 살 수밖에 없게 된 것이다.

  결국 해남 본가의 집과 전답(田畓), 산(山) 등 모든 재산은 장손(長孫)이라는 이유로 이복형(異腹兄)이 독차지하고, 우리는 가진 것 하나 없이 맨땅에서 시작(始作)해야만 했다.

어머니의 한(恨)

아버지가 돌아가시자 어머니는 밭데기 하나 있는 것과 남의 집 일을 다니면서 열심히 우리 삼 형제를 기르셨다. 큰 형은 중학교를 졸업하자 목포에 있는 작은아버지 가게로 갔다. 그때 작은 아버지께서 목포시내에서 "○○상회"라고 하는 꽤 큰 식음료(食飮料), 잡화(雜貨) 도매상(都賣商)을 하셨는데 나중에 작은 형도 중학교 졸업 후 작은 아버지께 가셨다. 결국 나 혼자 장흥에서 어머니를 모시고 학교를 다녀야 했다.

어머니는 재혼(再婚)인 아버지와 혼인을 하고 할아버지 할머니가 돌아가시면 해남 본가(本家)로 돌아가실 요량(料量)으로 이복형(異腹兄)까지 키웠는데, 갑자기 아버지가 지병(持病)으로 일찍 돌아가시면서 본가로 돌아가지도 못하게 되자 상심(傷心)이 크셨다. 하지만 어린 내게는 그런 모습을 보이지 않으려고 속으로 삭이는 것 같았다.

　더욱이 할아버지 할머니가 돌아가신 후에도 재산을 하나도 받지 못하게 되자 꼬여버린 삶에 대한 회한(悔恨)으로 맺힌 가슴의 응어리를 풀지 못하고 그게 병(病)이 되어 버렸다. 입으로 음식을 삼키면 토(吐)하는 일이 잦아지면서 어머니의 병은 날이 갈수록 깊어만 갔다.

　고등학교 2학년이던 1977년 여름, 어머니는 음식물을 거의 삼키지 못하게 되어 목포의 큰 병원에 입원하셨다. 병명은 식도협착증, 병원에서는 상당 기간 입원치료를 받아야 한다고 했다. 어머니의 간병은 형님들께 맡기고 나는 혼자 집으로 돌아왔다. 학교도 다녀야 하고 밭에서 익어가는 수박과 참외를 수확해서 읍내에 가서 팔아야 했다. 아침에 리어카로 수박과 참외를 싣고 4km정도 떨어진 읍내의 시장에 갖다 놓고 마을 아주머니들께 부탁을 하고 학교에 간다.

나의 처지를 알고 계시는 이웃 아주머니들께서 내가 갖다 놓은 수박과 참외를 팔아주셨고, 수업이 끝나고 와서 아주머니들께 고맙다는 인사를 건넨 후 나머지를 마저 팔고 리어카를 끌고 집으로 돌아오곤 했다. 그때의 경험 덕분에 나는 지금도 잘 익은 수박을 고를 줄 안다.

어머니는 수술(手術)을 받고 여름 방학이 끝나서야 오셨는데 식도가 막혀서 결국 입으로 음식을 삼키지 못하고 대신 위에 직접 호스를 연결하고 오셨다.

밥은 물론이고 물과 음료수도 입으로 드시지 못하니 죽을 쒀서 주사기로 직접 위로 주입(注入)해야만 하게 된 것이다. 수술을 받으시고는 한층 여위어진 어머니의 모습을 보면서 가엾고 안타까웠지만 내색할 수는 없었고, 내게 큰 기대를 하셨던 어머니셨고 정신(精神)은 온전하셨기에 학교는 빠질 수 없었다. 어머니의 손을 잡아보면 매일매일 기력(氣力)이 떨어지는 것을 느낄 수 있었다.

1977년 12월 5일, 여느 때처럼 학교에 다녀오겠다고 어머니께 인사를 드리고 자전거를 타고 학교에 갔는데, 점심시간이 막 지났을 무렵 담임선생님께서 집에 가보라고 하셨다. '드디어 올 것이 왔구나' 하는 예감(豫感)에 자전거를 힘껏 달려 집으로 왔는데, 이웃 친척 몇 분들이 마당에 서성이고 계셨고 방에 들어가자 어머니는 눈을 감고 아무 말이 없으셨다.

결국 나는 어머니의 임종(臨終)을 보지 못했다는 죄책감에 많이 울었지만 그 순간에도 고생을 너무 많이 하신 어머니가 편히 쉬셨으면 하는 바람뿐이었다. 그렇게 가엾은 나의 어머니는 51세의 짧은 생을 마감하셨고, 나는 그때부터 세상(世上)을 혼자 살아가야 하는 처지(處地)가 되었다.

어머니의 빈 자리

　나는 어머니 생전(生前)에 '엄마'라고 불러 보지를 못했다. 어머니께서 그렇게 엄(嚴)하게 나를 키우셨다. 아마 아버지가 안 계시니 남들에게 책(責)잡히지 않도록 더욱 바르게 키우고 싶으셨을 것이다. 우리가 살았던 고향(故鄕) 마을은 광산김씨(光山金氏)인 어머니 친척(親戚)들이 한 마을에 많이 살았다.

　어머니는 무남독녀(無男獨女)여서 대부분이 오촌(五寸)이상의 친척들이었다. 어머니께서 글을 알고 계셔서 부녀회장(婦女會長) 직(職)을 맡고 계셨고, 객지에 나간 자식들이 보내온 편지를 들고 오는 이웃들에게 편지도 읽어주고 대신 편지를 써 주시기도 하셨다. 생전(生前)의 어머니는 내가 살아가야 하는 이유(理由)이자 유일한 의지(依支)의 대상이었는데, 그런 어머니의 빈자리는 생각보다 컸다.

혼자 된 나는 목포(木浦)에 계신 형님들의 배려(配慮)로 읍내에 있는 고등학교 앞에서 하숙(下宿)을 하게 되었다. 학교에서 돌아와 하숙집 책상(冊床)에 앉아 공부를 하려고 하면 돌아가신 어머니 생각에 창밖을 바라보면서 눈물을 흘리곤 했다. 그러나 이제 고등학교 3학년으로 올라가는데 그렇게 슬픔에 잠겨 있을 수만은 없어 읍내에 있는 도서관(圖書館)에 다니기 시작했다. 그곳은 다른 친구들도 있어서 그들과 같이 공부하다 보면 어머니 생각을 덜 할 수 있었다. 그러면서 이제는 혼자서 세상(世上)을 살아가야 한다는 사실을 인지(認知)하기 시작했다. 두 분 형님도 이미 가정(家庭)을 이루고 계셨고, 형님들 또한 물려받은 재산 없이 힘겹게 살아가시기 때문에 나도 스스로 내 삶을 헤쳐 나가야 한다는 생각이었다.

다행히 고3이 되면서 고(故) 정주영 회장께서 만든 아산장학재단(牙山獎學財團)의 장학금을 받게 되어 생활비에 충당(充當)할 수 있었다. 그때까지 나의 성격은 내성적(內省的)인 편이었다. 그런데 남자로서 세상을 혼자 살아가려면 친구들도 많이 만나고 여러 사람들과 어울리면서 살아가야 할 것 같았다. 그래서 고등학교 3학년이 되면서 연대장(聯隊長, 요즘의 학생회장)을 하게 되었고, 친구들과도 자주 어울리게 되었다.

그러면서 내성적인 성격을 외향적(外向的)인 성격으로 바꾸기 위해 매사 긍정적(肯定的)인 마음, 적극적(積極的)인 자세를 갖고자 노력했다. 그런 연유(緣由)로 공부는 좀 덜 했지만 고등학교 3학년을 무사히 보낼 수 있었다.

예비고사(豫備考查)

그해 대학입학 예비고사(豫備考查)를 광주(光州) 가서 치렀고 예비고사가 끝나고 얼마 안 지나 종강(終講)을 했다. 학교 수업이 끝나자 더 이상 하숙비(下宿費)를 지출할 필요가 없어서 짐을 싸서 목포에 있는 작은 형님 댁(宅)에 가 있게 되었다. 그리고 얼마 지나지 않아 예비고사(豫備考查) 결과가 발표 되었는데, 생각보다 낮은 점수가 나왔다. 두 형님들은 동생이 공부(工夫)를 잘하여 서울의 S대학교를 갈 거라고 하숙을 시키면서 뒷바라지를 해 주셨는데, 결과가 그렇지 못하자 크게 실망(失望)하시는 것 같았다.

열심히 공부만 하여도 모자랄 판에 나 스스로 연대장(聯隊長)을 하겠다고 선택(選擇)하였고, 친구들과도 많이 어울리며 지낸 터라 예상은 했지만, 생각보다 낮은 점수여서 나 스스로도 용납(容納)이 안 되어 서울에 가서 공장(工場)이라도 다니면서 학비를 벌어 재수(再修)를 해야겠다는 생각에 큰 가방 하나 싸 들고 형님 댁을 나왔다.

막상 나와 보니 갈 데가 없어 다시 장흥(長興)으로 가서 친구 집에 짐을 풀고 읍내에서 절친 B를 만났다. 그도 나랑 똑같이 서울에 올라가 재수(再修)할 생각을 갖고 있었다. 우리 둘 다 형편이 넉넉하지 못해서 사립대학(私立大學)은 생각도 못하는 처지였고 더욱이 나는 서울에 아무런 연고(緣故)도 없어서 애초에 그런 생각을 할 수 없었다.

그런데 고3 때 담임(擔任)선생님의 권유로 국립(國立)인 J대학교에 원서를 내고 시험(試驗)이나 한번 쳐 보기로 했다. 둘이 광주(光州)에 올라가서 여인숙(旅人宿)에서 하룻밤을 묵은 후 대학입학 본고사(本考查)를 치렀다. 그런데 운 좋게도 둘 다 J대학교 인문사회(人文社會)계열에 합격(合格)했다. 그러나 등록금(登錄金)도 없고 재수(再修)를 하기로 마음먹은 탓에 마음 편히 친구들과 지내고 있었다. 마침 내 생일(生日)이어서 친구들이 억불산장(億佛山莊)에 가서 간단히 파티(party)하자고 해서 읍내 슈퍼마켓(supermarket)에서 물건을 고르고 있는데, 거기서 K선생님을 만나면서 내 운명(運命)이 바뀌게 되었다.

대학입학(大學入學)

독실(篤實)한 크리스천이셨던 K선생님은 독신(獨身)으로 계시면서 고등학교 앞에서 중고생들에게 영어(英語)를 가르치셨는데, 어려운 학생들에게는 수강료도 받지 않고 후진(後進) 양성(養成)을 위해 애쓰셨다. 고등학교 다닐 때 내게도 각별(各別)한 관심(關心)을 주셨던 선생님께서 그곳에 계시다는 게 그렇게 고마울 수가 없었다. 가끔은, 선생님께서 서울이나 광주(光州) 같은 대도시(大都市)를 마다하고 왜 장흥(長興)에 계시는지 이해가 안 될 때도 있었다. 그런 선생님께서 나를 찾으러 내가 전에 살았던 고향 마을까지 다녀오셨다고 하셨다.

나의 처지(處地)를 알고 계시던 선생님께서는 나더러 어디서 지내는지 물으시더니, 당장 선생님 집으로 가서 중학생 애들에게 수학(數學)을 가르치면서 같이 지내자고 하셨다. 그날 친구들과 조촐한 생일 파티

(party)를 하고 다음 날 가방을 들고 선생님 집으로 갔다. 선생님은 나와 중학교 동창인 친구 G와 함께 살고 계셨는데, 칠판이 딸린 조그만 강의실이 하나 있고 방이 두 개 있었다.

G는 나와 고등학교를 같이 다니다가 선생님의 배려(配慮)로 2학년 때 순천의 S고등학교로 전학(轉學)을 갔었는데, 그도 역시 J대학교 인문사회계열에 합격한 상태였다. 선생님께서 '어떻게 할 거냐'고 물으셔서 그냥 이번에는 대학교 안 가고 재수(再修)하겠다고 말씀드렸다.

거기서 중학생들 수학(數學)을 가르치면서 같이 지낸지 사흘째 되는 날, 외출(外出)하고 돌아오신 선생님께서 함께 기도(祈禱)하자고 하셨다. G랑 같이 손을 모으고 눈을 감고 있는데, 선생님께서 감사의 기도(祈禱)를 한참 동안 하신 후, 내 앞에 두툼한 봉투를 하나 꺼내 놓으시면서 그걸로 대학에 등록(登錄)하라고 하셨다.

선생님께서는 내가 학비(學費)가 없어 대학 등록(登錄)을 못한다는 사실을 알고 계셨고, 그런 나의 사정을 평소 알고 지내던 J장로(長老)님께 얘기를 했더니 그분이 흔쾌히 등록금조로 15만원을 주셨다는 것이었다. 그러면서 이 돈으로 등록금을 내고 본인이 알아봐둔 하숙집에서 G랑 같이 학교를 다니라는 것이었다.

J장로(長老)님의 중학생 애들 둘이 광주에 있는데 그 애들을 가르칠 수 있도록 배려(配慮)해 주셨다고까지 하셨다. 하숙집은 J대학에서 서무과장으로 계시는 분의 사모님이 하는 곳이어서 여러모로 괜찮은 곳이라고도 하셨다.

그때 대학 입학등록금이 11만 원 남짓이었고 한 달 하숙비가 3만 5천 원이었으니 15만 원이면 첫 달 하숙비까지 충당(充當)할 수 있는 금액이었다.

아무 연고(緣故)도 없는 서울에 올라가서 공장에 다니면서 재수(再修)를 한다는 막연(漠然)한 생각을 가지고 있던 터라, 선생님의 너무나 완벽한 제안(提案)과 배려(配慮)에 감탄하지 않을 수 없었고, 나는 그 제안을 거절(拒絕)할 수 있는 처지(處地)가 아니었다.

다음 날 읍내(邑內)에서 버스를 타고 Y면(面)에서 약국을 하신다는 J장로(長老)님을 찾아갔다. 나는 너무나 감사(感謝)하다는 말씀, 은혜(恩惠)를 잊지 않겠다는 말씀밖에 드릴 수가 없었다.

장로님께서는 전혀 부담(負擔)갖지 말고 열심히 살라고 격려(激勵)해 주셨다. 다만, 광주(光州)에 있는 애들은 과외(課外) 선생님을 구한지 얼마 되지 않아서 돌보지 않아도 된다는 말씀을 하시면서 미안하다고 하셨다.

나는 다시 한번 감사(感謝)하다는 인사를 드리고 나왔다. 그렇게 J대학교에 입학(入學)을 하고 선생님이 정해주신 그 하숙집에서 친구 G랑 같이 대학을 다니게 되었다.

얼굴 한번 본 적 없고 아무런 연고도 없는 나한테 기꺼이 후의(厚意)를 베풀어주신 J장로(長老)님의 고마움을 잊지 못해 대학을 졸업(卒業)하고 찾아갔는데, 이미 약국이 문을 닫고 없어져서 더 이상 그분을 만날 수는 없었다.

K선생님께서는 그 후 광주로 이사(移徙)를 하시고도 후진 양성(養成)을 위해 애쓰시다가 오래전에 병환(病患)으로 세상을 떠나셨다. 지금은 뵐 수 없는 K선생님, 그리고 연락처를 알 길 없는 J장로님께 늘 감사(感謝)하는 마음으로 살아가고 있다.

Part II

대학생활(大學生活)

과외금지 • 5.18 광주
버스 행상(行商) • 갈등(葛藤)
나로도 • 야구장 • 취업

과외금지

대학에 입학하면서 매월 하숙비, 용돈, 교재비용을 스스로 충당(充當)하기 위해서 과외(課外)를 해야만 했다. 다행히 나의 딱한 처지를 듣고 하숙집 아주머니와 주변 분들의 소개로 국민학생과 중학생 등 세 군데 과외를 할 수 있었다.

하숙집에 10여명의 하숙생이 있었는데, 여름방학이 되자 대부분 고향으로 내려가거나 산이나 바다로 피서를 가고 하숙집에는 나 혼자 남았다. 나는 마땅히 갈 데도 없고 다음 학기 등록금을 마련해야 해서 방학 때는 더 많은 과외를 해야 했다.

마침 K여고에 재직 중이셨던 고등학교 2학년 때 담임선생님의 소개로 2학년 여학생 7명에게 수학(數學)을 가르치는 그룹 과외를 할 수 있었다. 하숙집 방 벽(壁)에 칠판을 걸고 큰 상(床)을 두 개 펴서 학생들을 앉혀 놓고 서서 강의(講義)를 했다.

그 때 하숙집에 고등학교 3학년 S가 들어왔다. S는 집이 시골이라 광주로 고등학교를 와서 친척집에 있다가 사정이 있어 하숙집으로 오게 되었는데, 내성적인 성격이었지만 한 살 차이인 나와는 속 얘기를 많이 하며 지냈다. 내가 과외를 마치고 돌아오면 밤 10시쯤이 되는데 배가 고팠다.

그래서 혼자 공부하고 있는 S와 함께 연탄불에 노란 양철 세숫대야를 올리고 계란(鷄卵)을 한 줄 삶아서 같이 나눠 먹었다. 그게 그 당시의 야식(夜食)이고 간식(間食)이었다. 계란도 싼 것이 아니어서 매일 그리하지는 못하지만 가끔 둘이 먹는 삶은 계란은 꿀맛이었다.

방학 때도 나 혼자 남아 하숙집 가족들하고 같이 식사를 하다 보니 하숙집 주인아주머니나 식구들이 모두 가족(家族)처럼 편하게 대해 주었다. 하숙집 자녀가 5남 1녀였는데 초등학교 6학년 막내딸에게도 과외를 하고 하숙비의 일부를 공제(控除) 받기도 했다.

그렇게 바쁘게 대학생활 첫 해를 보내는 중에 10·26사태(事態)가 터져서 혼란스런 가운데 1학년을 마치고, 1980년 대학 2학년이 되면서 정치외교(政治外交)학과를 선택했다. 정국의 혼란과 더불어 대학에서도 매일 민주화(民主化)를 요구하는 시위(示威)로 시끄러운 가운데 나도 과외를 하면서도 틈틈이 시위에 참가했는데, 특히 내가 다니는 J대학교는 그 중심(中心)에 있었다. 급기야 5월 17일 전국 대학에 휴교령(休校領)이 내려지면서 한 치 앞을 내다볼 수 없는 혼란스런 정국이 되었고, 더불어 대학생들에게 과외금지(課外禁止) 조치를 내리는 바람에 나는 정말 앞길이 캄캄할 수밖에 없었다.

처음에는 비밀리에 과외를 하기도 했지만 그 당시 도청공무원, 기업체 사장 자제(子弟) 등을 가르치던 중이었는데, 서슬퍼런 신군부(新軍部)의 조치여서 그 쪽에서도 눈치가 보인다고 하여 어쩔 수 없이 그만 두어야 했다. 결국 과외는 더 이상 할 수 없게 되었고 나는 학교를 계속 다니기 위해서 다른 돈벌이를 알아봐야 했다.

5 · 18 광주

대학교에 휴교령이 내려진지 하루만인 5월 18일, 광주에 군인(軍人)들이 들어와 시위하는 학생들과 시민들을 무차별 진압(鎭壓)하면서 광주는 군인들의 통제(統制)하에 들어갔다.

군인들이 대학교까지 진입하자 하숙생들은 모두 고향으로 돌아갔고, 심지어 대학생인 하숙집의 자제 2명도 어디론가 피신(避身)하였으나 딱히 갈 데가 없었던 나는 그런 사실도 모르고 알바를 알아보다가 저녁에서야 하숙집으로 돌아왔다.

주인아저씨는 군인들이 집집마다 수색을 해서 학생들은 모조리 잡아 간다면서 내게 2층 다락방에 숨어 있으라고 하였다. 다락방에서 책을 보고 올려주는 식사를 해결한지 사흘이 지난 5월 21일 군인들이 물러갔다는 주인아주머니의 얘기를 듣고서야 다락방에서 내려올 수 있었다. 군인들이 물러갔지만 시내버스나 택시가 운행이 중단된 상태라 꼼짝없이 하숙집에서 머물러야 했다.

그렇게 며칠이 지난 5월 26일, 밖에서 돌아온 하숙집 아주머니가 J대학교 스쿨버스가 보인다고 하여 걸어서 J대학교에 가봤다. 대학 본부(本部) 건물 옆 학생식당 앞에 노란색 스쿨버스 한 대가 시동이 켜진 채 서 있었다. 열린 문으로 들어가자 선배(先輩)들 4명이 식당 안 매점에서 음료수와 빵을 차에 싣고 있었다. 어디 가느냐고 물으니, 빵과 음료수를 시민군(市民軍)에게 나눠 주러 간다고 했다. 휴교로 매점에 있는 빵과 우유 일부가 유통기한이 지나 부패(腐敗)하고 있어서, 아직 상태가 괜찮은 것을 갖다 주겠다는 것이었다. 엉겁결에 나도 도와서 물건을 싣고 선배가 운전하는 스쿨버스를 타고 시내로 나갔다.

광주시(光州市)가 외곽에서 봉쇄(封鎖)되었고 대중교통이 끊긴 상태여서 시민들이 자전거를 타거나 걸어서 전남도청(全南道廳) 앞으로 모여들고 있었다. 도청 앞에 버스를 세우자 많은 사람들이 'J대학교'라고 쓰인 스쿨버스 앞으로 모여들었고, 일부 시민들은 버스에 올라와 "광주시내 주유소에 기름이 떨어져 가는데 저렇게 쓸데없이 차를 몰고 다니면 되겠느냐?"며 자제(自制)해야 된다고 했다. 일부 젊은이들이 총을 메고 아시아자동차에서 탈취한 트럭을 타고 질주하는 모습이 보였다. 우리도 같은 생각이었지만 그들은 학생도 아니고 우리가 막을 수도 없었다.

도청 앞 벽면에는 병원별 사망자(死亡者)와 부상자(負傷者) 명단이 붙어 있었고 그 밑에 하얀 천으로 덮인 시체들도 있어서, 그것을 확인하려는 시민들과 오열(嗚咽)하는 분들이 뒤엉켜 복잡했다.

도청 안으로 들어가자 카빈 소총이 가득 쌓인 곳에서 신분증(身分證)만 확인하고는 필요한 사람에게 소총을 지급하고 있었고, 좀 더 들어가자 '수습대책위원회(收拾對策委員會)'라는 간판이 걸린 사무실에 위원 몇 명이 앉아 있었다.

거기서 일을 돕고 있는 대학 같은 과(科) 여자선배 K를 보았다. 나는 느낌이 안 좋으니 나오는 게 좋겠다고 조언(助言)했다. 도청에서 나와 상무대(尙武臺)로 가는 길목의 농성동(農城洞) 사거리에 가보니 바리케이드(barricade)를 쳐 놓고 시민군이 지키고 있었다.

버스가 멈추자 얼굴에 까맣게 위장(僞裝)까지 하고 어깨에 총을 맨 시민군 둘이 다가와 "당신들 뭐야?"하고 따지듯이 물었다. "학생들인데요, 수고가 많으십니다. 학교 매점에서 음료수와 빵을 좀 가져왔습니다."고 하자, "당신들 학생 딱지 떼요, 학생들이 시위를 시작해 놓고 다 도망가 버리고 지금 여기 지키는 사람 중에 학생은 하나도 없소!". 정말 주위를 둘러보자 나이는 학생 또래인데 학생 같은 이가 없었고, 우리는 "죄송합니다"고 고개를 숙일 수밖에 없었다.

그랬다. 지금처럼 휴대전화가 있는 것도 아니고 학교에 휴교령이 내려 출입 할 수 없게 되면서 광주시에 계엄군이 들어와 한바탕 쓸고 간

뒤로는 많은 학생들이 시골집이나 광주 밖으로 피신하였다. 그러다 계엄군이 물러갔지만 시 외곽에서 광주를 봉쇄하는 바람에 들어올 수도 없었다. 그러니 학생들이 더 이상 조직적으로 움직일 수는 없었다. 필요 없다는 것을 음료수와 빵을 내려 놓고 발길을 돌릴 수밖에 없었다. 마침 거기서 스쿨버스 운전기사분을 만나서 저녁 무렵 버스를 다시 학교에 갖다 놓고 하숙집으로 돌아왔다.

다음 날 새벽, 계엄군이 헬기를 통해 시민들은 밖으로 나오지 말라는 경고(警告) 방송을 하는 것을 듣고서 잠에서 깼다. '결국 도청을 접수했겠구나' 하는 생각에 전날 도청에서 본 K선배 생각이 났다. 내 얘기를 듣고 그랬는지는 알 수 없지만 다행히 선배는 전날 저녁에 도청을 빠져나왔다고 했다. 그렇게 광주는 진압(鎭壓)되었다.

버스 행상(行商)

광주가 진압되었으나 휴교령이 내려져 학교에는 못 가고 과외금지로 인해 우선 내가 살아갈 방법을 찾아야 했다.

거리의 전봇대에 붙은 쪽지에서 판매원 모집 광고를 보고 P사를 찾아갔다. 대학 선배들이 휴학(休學)하고 운영하는 조그만 유통(流通)회사로, 각종 생활용품을 가지고 가서 길거리나 가정집을 다니면서 파는 곳이었다.

내가 돈을 주고 물건을 구입한 다음 그것을 가지고 가서 팔아야 이문(移文)이 생기는 구조여서 우선 가볍고 가격이 싼 세안용(洗眼用) 비누를 조금 사 가지고 학교 근처의 주택가인 중흥동(中興洞), 신안동(新安洞)을 돌아다녔다. 쉽게 팔릴 거라고 생각하지는 않았지만 가가호호(家家戶戶) 방문판매는 예상했던 것보다 훨씬 어려웠다.

사람을 만나기 위해서는 집으로 들어가야 하는데, 거의 모든 집이 대문(大門)을 닫아 놓았고, 벨을 누르면 대답이 없거나 누구냐고 묻고는 잡상인(雜商人)이라며 문을 열어주지 않았다. 간혹 어린 학생이 학비를 벌기 위해서 고생한다며 사주는 경우도 있지만 흔치 않는 일이었고, 종일(終日) 발품을 팔고 돌아 다녔지만 기껏해야 5개요, 10개 팔면 운이 좋은 날이었다. 하지만 과외도 없어진 마당에 돈을 벌 수 있는 다른 방도(方道)가 없었기에 매일 매일 발품을 팔 수 밖에 없었다.

그러면서 물건을 받고 정산(精算)하기 위해 가끔 P사를 들르는데, 어느 날 새로운 아이템(item)이 나왔다고 알려주는데 비누보다는 훨씬 쓸모가 있어 보였다. 얇은 비닐로 만든 비옷이었다. 오늘날 야구장이나 축구장에서 많이 볼 수 있는 얇고 하얀 비옷이 그때 처음 나왔는데, 손바닥만 한 크기로 접어서 비닐봉지에 넣을 수 있는 부피가 작고 휴대가 간편한 제품이었다.

그 당시는 매월 15일 민방위 훈련을 할 때마다 초·중·고등학교에서 화생방(化生放) 훈련을 한다고 운동장에 쪼그리고 앉아 비닐로 된 비료포대를 가져와 뒤집어쓰고 있었다. 그 기억이 나서 새로 나온 비옷이 그 훈련용으로도 안성맞춤이란 생각이 들었다.

당시 P사에서 받는 가격이 개당 550원이었는데, 소매가가 1,000원으로 1개 팔면 450원이 남으니까 이윤(利潤)도 괜찮은 편이었다. 이거다 싶어서 비누에서 비옷으로 품목(品目)을 바꿨다. 그런데 며칠간의 경험으로 가정집을 방문하여 판매하는 것이 쉽지 않음을 깨달은 나는 다른 방법을 찾아야 했다.

그러다, 어렸을 때 시외버스를 타고 가다 정류소(停留所)에 정차하는 동안 차에 올라와 물건을 파는 아저씨들이 생각이 나서 나도 버스에서 물건을 팔아봐야겠다는 생각을 했다. 비옷을 가지고 대인동(大仁洞) 버스터미널에서 광주(光州)에서 가까운 화순(和順)가는 시외버스를 탔다.

출발할 때는 승객이 5명 정도였는데 우선 차 안에 아는 여학생(女學生)이라도 있는지 살펴본 후에 자리에 앉았다. 버스가 출발하고 시내를 빠져 나와 시골길로 접어들 즈음 자리에서 일어나 운전기사분에게 아르바이트 하는 학생인데 학비조달을 위해 잠깐 물건을 팔겠다고 하니 기사분이 나를 한번 쳐다보고는 그러라고 하셨다.

의자 옆에 몸을 의지하고 서서 손님들께 간단히 나를 소개한 후 비옷을 보여드렸다. 그때만 해도 비포장도로에 완행(緩行)버스라서 버스가 정차하고 차문이 열릴 때마다 많은 먼지가 차속으로 들어왔고 멀지 않은 거리임에도 시간도 1시간 30분이나 걸렸다. 화순 정류장에서 내릴 때까지 겨우 3개 팔았고, 다시 광주로 오는 버스를 타고 역시 같은 방법으로 두 개밖에 팔지 못했다.

결국 반나절에 5개를 판 셈이었다. 버스비를 감안하더라도 비누 판 것에 비하면 나았지만 역시 그렇게 해서는 등록금을 마련하기가 요원(遙遠)해서 또 다른 방도를 찾아야 했다.

궁리(窮理) 끝에 사람들이 많이 모인 곳에서 팔면 좋을 것 같았다. 학생들에게도 필요한 물건이니 학교에 가서 쉬는 시간에 교실에 들어가 팔아야겠다는 생각이 들었지만, 방학이라서 학교는 개학 후에 가야 했다. 그 순간 방학 때면 대학 강의실에서 공립 중·고등학교 선생님들이 연수(研修)를 받는다는 생각이 들었다. 바로 사범대학(師範大學)에 가서 확인해 보니 역시나 10개 교실에서 중·고등학교 선생님들이 연수중이라는 안내가 게시판에 붙어 있었다. 쉬는 시간이 되자 비옷을 담은 박스를 들고 선생님들이 쉬고 계시는 다소 어수선한 강의실에 들어가 앞 탁자에 올라가서 선생님들께 자초지종(自初至終)을 말씀드린 후 비옷을 소개했다. 그때 강의실 뒤편에서 내 이름을 부르는 낯익은 목소리에 앞을 쳐다보니 고등학교 때 세계사(世界史)를 가르쳤던 K선생님께서 나를 보시고는 앞으로 나오고 계셨다. 나는 고등학교 3년 동안 반장(班長)을 했었고 3학년 때는 연대장(聯隊長)을 했기에 대부분의 선생님들이 부모님이 돌아가시고 혼자 학교를 다니는 것을 알고 계셨다.

거기서 K선생님을 만나리라고는 생각지도 못했고, 선생님을 만나서 한편 반가우면서도 쑥스러웠다. 선생님께서는 내 손을 꼬옥 잡으시더니 기꺼이 탁자에 올라와 '본인이 아끼는 제자고 어렵게 혼자 학교 다닌다'며 다시 한번 나를 소개해 주셨다. 내가 더 이상 설명할 필요 없이 여러 선생님들이 비옷을 사주셨다.

뿐만 아니라 K선생님께서 다른 교실에까지 가셔서 같은 방식으로 나를 소개해 주셨다. 그날 선생님 덕분에 생각보다 많은 비옷을 팔수 있었다. 나는 진심(眞心)으로 선생님께 감사의 인사를 드렸고, 선생님께서는 힘내라고 오히려 나를 격려(激勵)해 주셨다. 그렇게 그해의 기나긴 여름이 지나가고 있었다.

   8월 하순, 여름방학이 끝나고 고등학교가 개학(開學)했다는 소식을 접하고 나는 비옷을 가지고 모교인 J고등학교를 찾아 갔다. 졸업한 지 채 2년이 지나지 않아서인지 아는 선생님들이 많이 계셨다. 교무실에서 선생님들께 사정(事情)을 말씀 드렸더니 학생주임(學生主任)을 맡고 계셨던 H선생님께서 교실에 일일이 들어가려면 시간이 많이 걸린다며 쉬는 시간에 반장들을 모아주셨다. 상담실에서 반장들을 만나 우선 수요(需要) 파악을 해 보고 필요한 만큼 줄 테니, 수금(收金)은 나중에 해달라고 했다. 수중에 돈 1,000원이 없는 애들이 대부분일 것이고, 집이 읍내가 아닌 학생들은 읍내서 자취(自炊)를 하기 때문에 주말(週末)에 집에 다녀와야 돈을 가져올 수 있었다. 그 당시 재학생이 1,500여 명 정도였는데, 가지고 간 1,000개를 모두 팔았고, 나중에 수금하러 갔을 때 몇몇 학생들은 돈을 안 가져온다고 해서 그냥 두라고 했다.

   못난 선배(先輩) 때문에 고생했을 반장(班長)들에게 고맙다는 인사와 함께 짜장면을 사주고 왔다. 그렇게 하여 길고 긴 휴교령이 풀리고 개학할 즈음 나는 2학기 등록을 하고 다시 학업을 계속할 수 있게 되었다. 지금도 지하철에서 물건을 파는 분들을 보면 그때 버스에서 비옷을 팔던 생각에 감회(感懷)가 남달라서 가끔 물건을 사주기도 한다.

갈등(葛藤)

1980년 9월, 2학기가 시작되자 하루 종일 돌아다니면서 하는 세일(sale)은 할 수가 없었다. 대신 대학생 과외를 없앤 후 지자체(地自體) 등에서 운영하는 여러 가지 종류의 알바가 있어서 시간이 허락하는 한 종류를 가리지 않고 알바를 했다.

수업이 없는 시간에 학교 교정에서 하는 잔디 깎기, 출퇴근 시 보행자들이 안전하게 건널 수 있도록 횡단보도에서 하는 교통정리 등 종류는 다양(多樣)했지만 짧은 시간제 알바였고, 여러 사람에게 골고루 혜택(惠澤)을 주기 위한 것이어서 많은 돈을 벌 수 있는 것은 아니었다. 그렇게 여러 종류의 알바를 찾아서 했지만 하숙비와 용돈을 충당하기에도 빠듯했다. 짧은 2학기가 금방 지나고 겨울방학이 되었고 다음 학기 등록금을 마련하기 위해 더 많은 돈을 벌어야 했다.

그러나 겨울에 팔 품목(品目)도 마땅하지 않았고 선배들이 운영하던 P유통은 폐업(閉業)한 상태였다. 심지어 야간에 주택가 골목을 돌면서 하는 방범순찰(防犯巡察) 알바까지 기꺼이 참여했다. 해가 바뀌고 1981년 2월이 되자 어김없이 다음 학기 등록금 고지서(告知書)가 나왔다.

겨울방학 동안 그렇게 알바를 했음에도 모아진 돈은 등록금이 부족(不足)했다. 대학 졸업을 위해서는 아직도 4번의 등록금을 더 내야 하는데 수시(隨時)로 하는 알바로는 한계(限界)가 있다는 생각에 앞으로의 진로(進路)에 대해서 진지(眞摯)하게 생각해 보지 않을 수 없었다.

'과연 이렇게 알바를 해서 등록금, 하숙비와 생활비를 충당하고 무사히 대학을 마칠 수 있을 것인가?'라는 회의(懷疑)가 다시 들기 시작했다. 고향 마을에 국민학교를 다니던 또래가 15명이었는데, 그중에서 고등학교를 마친 친구는 나를 포함 3명밖에 안 되고, 다른 친구들은 국민학교나 중학교 졸업 후 돈을 벌기 위해 서울, 부산 등 대도시로 갔었다.

내가 고등학생일 때 그 친구들은 벌써 기반(基盤)을 잡았는지 명절(名節) 때 고향에 와서 멋진 옷을 입고 돈을 쓰고 다니는 모습이 학생인 나와는 차원(次元)이 달랐고, 나는 늘 그들이 부러웠다.

그 전에도 알바를 하다가 어려울 때면 '이렇게 대학 다녀서 언제 졸업하고, 취업하고 돈을 모아서 결혼을 할 수 있을 것인가? 군대도 갔다 와야 하는데, 차라리 대학을 그만두고 길거리에서 붕어빵 장사를 하든 봉제공장에 취직을 하든 내손으로 돈을 벌어서 기반 잡는 것이 더 빠르지 않을까?'하는 생각을 간간이 해왔었던 터라, 혼자서 며칠 고민하다가 결국 대학을 그만두기로 결심(決心)했다.

다음 날 버스를 타고 고향으로 내려가 마을 뒷산에 있는 어머니 산소(山所)를 찾았다. 혼자서 감당하기엔 너무 힘들어서 학교를 그만두어야겠다고, 먹고 살기 위해서는 돈을 벌어야겠다고, 어머니께 말씀드리는데 나도 모르게 눈물이 하염없이 흘러 내렸다.

산에서 내려와 C선생님께는 말씀을 드려야겠기에 선생님 댁으로 전화를 드렸더니 사모님께서 '당직하러 J여고에 가셨다'고 하셨다. 선생님은 중·고등학교는 물론 J대학교 같은 과(科) 선배(先輩)로, 중학교 2학년 임시 담임을 맡으셨을 때 공부를 시키겠다는 어머니의 간곡한 청(請)을 받아들여 야구를 그만둘 수 있도록 배려(配慮)해 주셨고, 고등학교 3학년 담임을 맡으셔서 나의 진로(進路)에 지대한 영향을 미친 내가 가장 존경(尊敬)하는 은사(恩師)님이셨다.

읍내에서 멀지 않은 J여고로 찾아갔더니 혼자 계시던 선생님께서 반갑게 맞아 주시면서도 그 시기에 찾아온 나의 사정(事情)을 짐작(斟酌)하셨던지 '다음 학기 등록을 했냐'고 먼저 물으셨다. 나는 학교를 그만 두겠다는 나의 결심(決心)을 말씀드렸다.

선생님께서는 '그래도 대학은 마쳐야 된다'고 하시면서 등록금이 얼마 부족하냐고 물으셨다. 그리고는 예금통장과 도장을 주시면서 읍내에 가서 10만원만 찾아오라고 하셨다. 학교에서 멀지 않은 농협에서

10만원을 찾아다 선생님께 드렸더니 "나도 형편이 넉넉하지 못해서 그냥 줄 수는 없고 J중·고등학교 동창회비(同窓會費)에서 꿔 주는 것이니 벌어서 갚아라!" 하시면서 10만원을 내게 주셨다. 평소 선생님의 카리스마가 대단하셨기에 선생님의 말씀을 거역(拒逆)할 수가 없었다. 돈을 받고 돌아서는데 "등록금 꿔서 학교 다니는 놈 치고는 옷이 너무 야하다"고 일침(一鍼)을 주셨다.

그런 직설적인 화법(話法)이 선생님의 트레이드마크(trademark)셨다. 선생님께서는 대학 다니실 때 군용 파카(parka)와 바지 한 벌로 버티셨다는 얘기를 들은 적이 있어서, 까만 양복에 면티를 입고 갔었던 나로서는 아무런 대꾸도 못하고 얼굴이 붉어지고 말았다. J여고에서 읍내로 걸어 나오는 내내 뒤통수가 따가웠고 선생님의 그 말씀은 내 머릿속에 오래도록 남아 있었다.

광주 하숙집으로 돌아와 룸메이트(roommate)인 G에게 사정얘기를 했더니, '나중에 내 자식들이 학교에 가서 아빠가 대학도 안 나왔다는 사실만으로 열등(劣等)의식을 느끼게 해서는 안 될 것 아니냐'며 대학은 졸업(卒業)해야 된다고 충고(忠告)해 주었다.

이튿날 다음 학기 등록을 하고 다시 학업을 계속하게 되었다. 다행히 3학년이 되면서 학교에서 주는 장학금(奬學金)을 받게 되었고, 총학생회 간부 활동을 하면서 장학담당관실 선생님들의 배려로 여러 종류의 알바를 할 수 있었다.

그렇게 대학 3학년을 정신없이 보내고 겨울 방학이 되자, 그간 모은 10만원을 가지고 C선생님 댁으로 찾아갔다. 사모님께 준비해 간 음료수를 드리고 선생님께 빌려간 10만원이 든 봉투를 드렸다. 선생님께서 봉투를 받아들고는 "그래 수고했다. 이제 너는 나한테 진 빚을 갚은 거야. 대신 이것은 내가 너한테 주는 돈이니 책값이나 해라" 하시면서 가지고 간 돈 봉투를 돌려 주셨다.

그 당시 선생님께서도 연로(年老)하신 어머님을 모시고 여러 명의 자녀를 부양(扶養)하고 계셔서 넉넉하지 않은 형편(形便)이셨기에 나는 극구 사양(辭讓)했다. 하지만, 선생님의 카리스마를 이길 수는 없었고 죄송(罪悚)한 마음에 선생님께 고개 숙이며 눈물을 흘리고 말았다. 잠시 후 사모님께서 술상을 봐 오셨고, 선생님과 나는 술잔 덕분에 추운 겨울이 따뜻하게만 느껴졌다.

이후 선생님께서는 안타깝게도 정년(停年)을 채우지 못하고 세상을 떠나셨다. 나중에 사모님께서 서울로 이사 오셔서 몇 번 뵈었는데 지금은 다시 고향으로 내려가셨고, 큰 딸은 중앙부처의 고급 공무원(公務員)으로 근무하고 있다. 살면서 내가 어려울 때마다 힘이 되어주셨던 C선생님! 고맙습니다. 그리고 보고 싶습니다!

나로도

　1981년 여름, 전남 지역 제조업(製造業)실태를 조사(調査)하는 알바가 있어서 참여하게 되었다. 각 지역별로 제조업체를 직접 방문(訪問)하여 조사하는 일이었는데, 나는 고향인 장흥군(長興郡)과 인근 보성군(寶城郡), 고흥군(高興郡) 지역의 제조업체를 배정(配定)받았다. 명단에 나와 있는 제재소(製材所), 양조장(釀造場), 방앗간 등을 방문하여 종업원이 몇 명이나 되고 차량은 몇 대나 있으며 일(日) 평균 가동시간 및 생산량은 얼마나 되는지 등을 조사하는 것이었다.

　일정액을 받고 2주 내에 3개 군(郡)을 조사해야 하는데, 최대한 순로(順路)를 따라 짧은 시간에 조사를 끝내야 경비와 시간을 절감(節減)할 수 있어서 나름 사전에 치밀(緻密)하게 계획을 세웠다. 장흥군에서 시작하여 보성군을 거쳐 고흥군에서 마무리할 요량(料量)으로 목록에 나온 주소지를 보고 조사일정을 짰는데 아무리 빨리 돌아도 6일은 걸릴 것 같았다.

가는 곳이 군(郡)단위여서 업체가 각 읍(邑), 면(面)에 흩어져 있고 어떤 제재소(製材所)는 산속에 있어서 주소만으로 찾아다니는 게 쉽지 않았다. 핸드폰도 없던 시절이고, 시골이라서 공중전화도 찾기 어려웠다. 버스를 타고 이동하는데 영세(零細)한 업체라서 운전기사들도 잘 모른다고 해서 어디서 내려야 할지 난감(難堪)할 때도 있었다. 버스정류장에서 내려서는 걸어서 업체들을 찾아다니는데 날이 더워서 옷이 금방 땀으로 젖곤 했다. 그래도 할 수 있는 일이 있다는데 감사(感謝)하며 다녔다. 고흥군 조사 마지막 날, 나로도(羅老島)에 있는 업체 조사를 위해 배를 타고 섬으로 들어갔다.

섬으로 연결되는 다리가 생기기 전이라 그때는 육지에서 배를 이용해야만 나로도로 갈 수 있었다. 나로도 선착장에 내려 ▲▲제재소(製材所)를 찾는데 의외로 선착장에서 멀었고, 섬 내에서는 다른 교통수단이 없어서 물어물어 걸어서 찾아갔는데 아무도 없었다. 한참을 기다려서야 외출에서 돌아온 사장님은 '날도 덥고 일이 없어서 쉰다'고 했다. 조사를 마치고 시간을 보니 오후 4시가 다 돼서 육지로 나가는 배 시간이 임박(臨迫)해 있었다. 사장님께 급하게 인사드리고 오던 길을 달렸다.

배가 하루 두 편밖에 없고 당일 육지로 나가는 마지막 배 시간을 놓치면 안 된다는 생각에 7월의 뙤약볕을 맞으며 뛰어야 했다. 거친 숨을 참고 상의를 다 젖으며 선착장(船着場)에 도착했는데, 아뿔사! 무심(無心)

한 배는 이미 선착장을 떠나 육지로 뱃머리를 돌리고 있었다. 소리를 질러봤지만 아무 소용이 없었다. 순간 기운이 빠지며 현기증(眩氣症)이 일었다. 정신을 차리고 '혹시나' 하는 생각에 주변 분들에게 육지로 나가는 다른 배가 있는지 물어 보았으나 '역시나'였다. 다음 날 오전에야 첫배가 나간다는 사실만을 확인할 수 있었다.

예정된 스케줄에 차질(蹉跌)이 생겼지만 달리 방법이 없어서 나로도에서 하루를 묵어야 했다. 그제서야 피서(避暑)를 즐기러 육지에서 들어온 젊은이들이 보였고 숙소가 없을 지도 모른다는 불길(不吉)한 생각이 들었다. 발길을 재촉하여 선착장에서 멀지 않은 곳에 있는 여인숙으로 들어갔다. 다행히 좁은 방이 하나 있었고 식사도 가능하다고 했다.
당시만 해도 배낭(背囊)을 메고 와서 피서지에 텐트를 치고 버너(burner)에 밥을 해 먹던 시절이라 작은 방이라도 남아 있는 것 같았다. 다른 사람들은 해수욕장에 놀러왔는데 나는 갑작스럽게 숙박 준비도 없이 왔으니 내 처지(處地)가 말이 아니었지만, 이제는 누구를 원망(怨望)하지도 많이 서럽지도 않았다. 그나마 휴가철임에도 여인숙 방이라도 있는 게 다행이라고 생각하며 돌아다니면서 피곤했던지 저녁을 먹고는 일찍 잠을 청(請)해 깊은 잠에 빠질 수 있었다.
그렇게 나는 혼자서 살아가는 방법을 몸에 익히고 있었다. 다음 날 첫배로 나로도를 나왔고 6일 만에 끝내려던 물동량 조사는 하루를 더 지나서야 마칠 수 있었다.

야구장

　대학생활 마지막 해인 1982년 봄, 프로야구가 생기면서 프로야구 경기장에서 표 받는 알바를 모집한다는 소식을 접하고 기꺼이 지원(志願)했다. 해태타이거즈(현 기아타이거즈)의 홈구장인 광주 무등경기장(無等競技場)에서 프로야구 경기가 있을 때, 학생 5명과 운동장 관리하시는 아저씨 5명이 각 2인 1조가 되어 운동장 정문과 내·외야로 들어가는 야구장 입구에서 표를 받는 것이었다. 경기가 있는 평일(平日)의 경우 오후 3시쯤 집결하면 식당에서 주는 비빔밥 한 그릇을 먹고 배정된 각 출입문에서 입장객들의 표를 받았다.

　그해 광주의 프로야구 열기가 대단했고 운동장이 크지 않아서인지 경기가 있을 때마다 거의 매진(賣盡)될 정도로 많은 관중(觀衆)들이 오셨다. 경기가 시작되고 입장이 거의 끝나면 운동장으로 들어가는 정문을 닫는데, 가끔 경기가 한창 진행 중일 때 술을 한잔 먹고 운동장 담을 넘어와 야구장으로 들어가겠다고 떼를 쓰는 분들이 있었다.

특히 소위 '어깨'라는 젊은 사람들이 술을 먹고 무리지어 와서는 막무가내로 들어가자고 할 때가 제일 어려웠다. 우리들의 만류(挽留)에도 다짜고짜 밀고 들어가면 힘에서 밀려서 어쩔 수가 없었다. 완강(頑强)히 거절하면 같이 있는 아저씨들을 데리고 가서 담뱃값이나 하라면서 돈을 쥐어주는 경우도 있었는데, 안면(顔面)을 튼 몇몇 아저씨들이 그렇게 돈을 받고 입장시켰다가 발각(發覺)되어 교체되기도 하였다.

나는 국민학교 5학년부터 중학교 2학년까지 야구선수생활을 한 적이 있어서 야구를 무척 좋아하는데, 관중들의 입장이 끝나면 아저씨들과 교대(交代)로 지키면서 경기를 공짜로 볼 수 있었다. 그 대가로 일당 7천 원을 받았고 학교와는 다른 사회(社會)를 경험할 수 있는 재미있는 알바였다. 그렇게 나의 대학생활 4년은 알바와의 전쟁(戰爭)이었고, 그 덕분에 1983년 2월 대학을 무사히 마칠 수 있었다.

물려받은 재산 한 푼 없이 형님들의 도움도 받지 않고 내가 대학을 마칠 수 있었던 것은 어렵고 힘들 때마다 도와주신 주변의 고마운 분들 덕분(德分)이었다. 그래서 '사람이 재산(財産)이다'는 것을 일찍이 깨달을 수 있었고, 오늘날은 모든 사람들이 공감(共感)하게 되었으니 고맙고 감사(感謝)할 따름이다.

취업

　대학 4학년 2학기 가을이 되면서 취업(就業)을 어디로 해야 할 것인지 알아봐야 했다. 그 당시는 요즘처럼 취업하기 어려운 시기가 아니어서 대학을 졸업하면 특별히 문제 있는 경우가 아니면 회사가 어느 곳이냐의 문제지 취업은 가능했다.

　다만, 대부분이 군필자(軍必者)를 뽑는데, 나는 아직 군복무(軍服務)를 마치치 않은 상태라 수시로 장학담당관실(獎學擔當官室) 게시판에 붙는 공기업(公企業)과 대기업(大企業) 등의 채용(採用)공고를 보면서 이곳저곳을 알아보던 중, 대학본부 학생과장(學生課長)의 부름을 받았다.

　L과장께서는 총학생회에 내려온 취업(就業) 추천서(推薦書)를 내게 주기로 했다고 알려주었다.

그 당시는 대학 총학생회(總學生會)를 '학도호국단(學徒護國團)'으로 이름을 바꾸고 학도호국단 간부들을 해군함정에 태워 백령도(白翎島)로 데려가 북한과 가장 가까운 곳에서 국가방위에 만전을 기하고 있는 해병부대를 견학(見學)시켜 주었다. 그 때만 해도 백령도는 일반인이 쉽게 가기 힘든 곳이었다.

한편으로는 유화책(宥和策)도 병행(竝行)했는데, 문교부(文敎部)에서 주관하여 대학 3학년 겨울방학 때, 학생회 활동이 끝난 간부들을 3개 대학씩 묶어 2주일 동안 동남아 연수를 보내주는 프로그램이 있었고, 졸업 무렵엔 총학생회 간부 중에서 1명을 공기업(公企業)에 추천(推薦)해 주는 제도가 있었다.

보통은 총학생회장이 추천을 받는데 나랑 같이 총학생회에서 활동한 L회장은 8월에 조기졸업(早期卒業)하여 이미 취업한 상태였다. L회장과 L과장께서 상의한 결과 나를 추천하기로 결정한 것 같았다.

나는 L과장께 감사의 인사를 드리고 추천 관련 설명을 들었다. 대상 공기업이 몇 개 있었는데 그 중에서 내가 가고 싶은 회사를 1, 2, 3 순위로 적어 내면 추천서를 해당 회사에 보내고, 회사에서 가능여부를 알려주는데 경우에 따라서는 원하는 대로 안 될 수도 있다고 했다. 난 어디가 좋은지조차 몰랐기 때문에 일단 추천서를 들고 나왔다.

먼저 취직한 L형에게 전화를 하여 감사의 인사를 드리고 상의한 후 주변 지인들에게도 조언(助言)을 구했다. 그리고 1순위 한국보험공사,

2순위 D공사, 3순위 S공사 등을 적어서 냈다.

  1983년 1월 중순, 한국보험공사 인사 담당자로부터 연락을 받고 방문했다. 인사 담당자의 옆 자리에 앉자 첫 질문이 "군필자 아니네요?"였다. 나는 '우선 학교를 마치느라 아직 군대를 가지 못했고, 곧 방위병 복무 대상'이라고 했다. 그리고 '군대를 고의로 안 가거나 거부한 게 아니고, 추천서에 군 미필자는 안 된다는 문구도 없다'고 첨언했다.

  담당자는 내 얘기에 답변하는 대신 "대졸 군 미필자를 뽑은 적이 없어서…"라고 중얼거리며 고개를 갸웃거렸다. 그리고는 결재판에 추천 서류를 넣어 상부에 보고하러 가는 것 같았다. 추천서만 믿고 다른 곳을 알아보지도 않고 기다렸는데, '여기서 탈락하면 어떻게 하나?'하는 생각에 나는 또 다시 긴장했다.

  잠시 후 자리로 돌아 온 담당자가 "일단 하자가 있는 것은 아니어서 입사시키기로 했으니 서류를 준비해 주세요"라고 웃으면서 얘기해 주어 나도 그제서야 속으로 안도의 한숨을 쉬었다. 회사에서 요구한 서류를 준비해서 제출하고, 1983년 2월 26일 대학을 졸업한 후, 3월 7일 한국보험공사에 첫 출근을 하면서 비로소 나의 사회생활(社會生活)이 시작되었다.

두 형들과 대학 졸업식장에서

물려 받은 재산 한푼 없이
형님들의 도움도 받지 않고
내가 대학을 마칠 수 있었던 것은
어렵고 힘들 때마다 도와주신
주변의 고마운 분들 덕분(德分)이었다.
그래서 '사람이 재산(財産)이다'는 것을
일찍이 깨달을 수 있었다.

Part Ⅲ

인연(因緣)

펜팔(pen pal) · 소개팅 · 실연(失戀)
약혼(約婚) · 결혼(結婚) · 누나
회장님 · 농협생명 · 이직(移職)

펜팔(pen pal)

중학교 2학년이던 1974년 여름, 태풍 길다(GILDA)[2]의 영향으로 내가 살던 마을에 강물이 넘쳐 가옥이 침수(浸水)되고 조난당한 사람들을 구출하기 위해 헬기까지 출동했다. 수방시설(水防施設)이 제대로 갖춰지지 못했던 시절이라 태풍 피해를 연례행사(年例行事)처럼 감수(甘受)해야만 했다.

며칠 후 수재민 돕기의 일환으로 서울에 있는 중학교에서 연필, 공책 등 학용품을 보내와 학생들에게 지급되었다. 고시(考試)공부를 하다 오셨다고 해서 윤도사(尹道士)라는 별명을 가진 담임선생님께서 학용품을

---

[2] 1974년 6월30일 발생하여 7월8일 소멸된 8호 태풍으로 강한 비바람을 동반하여 한반도의 남·동해안을 훑고 지나가면서 사망·실종자가 우리나라에서 28명, 일본에서 11명이 발생한 2급 태풍

받았으면 감사의 마음을 전하는 것이 도리(道理)라며 우리에게 편지를 쓰라고 하셨다.

성(姓)도 이름도 모르는 서울의 학생들에게 감사의 편지를 보냈다. 일주일쯤 지나 반장으로서 종례(終禮) 때문에 교무실에 갔는데, 윤(尹)선생님께서 봉투가 뜯어진 편지 한 통을 주시면서 버리라고 하셨다. 서울 S여중 2학년 1반 25번이 우리학교 2학년 1반 25번에게 보낸 편지였다.

꽃무늬 바탕의 분홍색 편지지에 예쁜 글씨로 정성스럽게 쓴 요지는 펜팔(pen pal)을 원한다는 것이었다. 얼굴도 모르는 남학생에게 자연스럽게 자신의 마음을 표현하는 문장력(文章力)이 보통 수준은 아닌듯싶었다. 나는 내가 25번이 아닌 49번이란 사실을 적어 보냈는데, 얼마 지나지 않아 그녀로부터 답장이 왔다. 그렇게 S와의 펜팔이 시작되었다.

그녀는 새로 나온 소설(小說)이나 수필(隨筆) 등을 읽고 대강의 줄거리와 자신이 느낀 소감을 적어 보내왔다. 그녀의 편지만으로도 나는 새로운 책 한권을 읽는 것 같았다. 나는 그녀의 문장실력이 대단하다는 칭찬과 함께 짧은 답장을 보내곤 했다.

S의 학교와 나의 집으로 편지를 주고받았는데, 겨울방학 무렵 받은 편지에 '담임선생님께서 3학년 올라가면 고등학교 입시에 매진해야 하는데 펜팔은 그만 하는게 좋겠다고 하셨다'며 고민을 담아 왔다. 나도 '서로의 장래(將來)를 위해 열심히 공부하자'는 답신을 보내고 펜팔을 그만하게 되었다.

그리고 1년 후, 인문계 고등학교 진학을 결정한 나는 그녀가 궁금해서 크리스마스카드를 S여중으로 보냈다. 그리고 바로 다음 날 나도 그녀로부터 카드를 받았다. 서로 잊지 않고 있었던 우리는 그렇게 다시 연결되었고, 그때부터는 서로의 집으로 편지를 주고받게 되었다.

대학에 가서 문학(文學)을 전공하고 싶다던 그녀는 고민 끝에 S여상에 진학하였다고 했다. 그녀가 문학에 상당한 자질(資質)이 있다고 생각한 나는 많이 안타까웠지만 홀어머니와 남동생을 위해 기꺼이 자신을 희생(犧牲)하고도 불평 한마디 없는 그녀가 대견스러웠다.

멀리 떨어져 있어서 서로의 증명사진 한 장씩 교환한 채, 고등학교 3년 동안 간간이 편지를 주고받았다. 그녀의 문장실력은 점점 더 세련되어 갔고 새로운 책을 읽고 감상문을 보내오는 그녀의 꾸준함 덕분에 나는 마음의 양식(良識)을 조금이나마 넓혀갈 수 있었다.

고등학교를 졸업한 후, 그녀는 대기업 계열 'B상사'에 취직(就職)하여 사회생활을 시작했고, 나는 광주(光州)에 있는 J대학교에 입학(入學)했다. 나는 알바를 해서 등록금과 하숙비, 용돈을 해결하면서 대학을 다닐 때라 그녀에게 자주 연락하지 못했지만, 사회생활을 시작한 그녀는 학교 때보다 더 자주 편지를 보내왔다.

그해 여름, 그녀가 광주에 오겠다는 편지가 왔다. 여름휴가 때 익산(益山)에 있는 친구집에 갔다 광주에 들른다는 것이었다. 무더위가 한창인 7월 하순(下旬) 어느 날, 낮 12시쯤 고속버스터미널에 가서 버스에서 내리는 그녀를 만났다. 펜팔을 시작한지 5년 만에 처음 얼굴을 봤는데 미리 사진을 봐서인지 쉽게 알아볼 수 있었다. 처음엔 조금 어색했지만 근처 식당에서 점심을 먹으면서 얘기를 나누자 금방 편해졌다.

식사를 한 후 J대학교까지 걸어 갔고, 교정(校庭)을 돌아보다가 캠퍼스 호수가 벤치(bench)에 앉아 많은 얘기를 나누었다. 그녀는 당일 올라가기로 되어 있어서 아쉽지만 석양(夕陽)을 뒤로하고 오던 길을 다시 걸어서 터미널로 향했다. 중간쯤 가는데 그녀가 가방에서 책을 한 권 꺼내 주면서 신간(新刊)이라며 집에 가서 읽어 보라고 했다. 법정(法頂)스님의 「서있는 사람들」이었다.

그녀를 바래다주고 집으로 걸어오면서 책의 표지를 넘기자 하얀 여백에 그녀의 예쁜 글씨로 "당신의 건강이 당신에게 중요하듯이 그만큼 내게도 중요합니다"라고 쓰여 있었다. 너와 나, 친구처럼 지내다가 '당신'이라는 단어와 한 줄의 문장이 주는 묵직함에 정신이 번쩍 들었다.

철없는 중학교 때부터 그냥 펜팔 친구로만 생각했던 그녀가 나를 남자로 생각하는 것 같았다. 그게 당연(當然)할지라도 나는 그녀를 여자로 생각해 본 적이 없어서인지 순간 당황(唐慌)스러웠다. 나도 그녀를 여자 친구로 받아들일 것인지 진지하게 고민해야 할 것 같다는 생각이 들었다. 내가 그녀를 여자 친구로 받아들인다면 나중에 결혼(結婚)까지도 생각해야 하는데, 그녀는 벌써 사회인(社會人)이 되어 있고 나는 이제야 대학 1학년이다. 졸업하고 군대 갔다 오고 취직하려면 까마득하다는 생각이 들었다. 고민 끝에 그녀에게 편지를 보냈다.

　'여자 친구로는 생각해 보지 않아서 좀 당황스럽다. 펜팔 친구로서는 여기까지인 것 같다.' 조금은 이기적(利己的)이다는 생각도 들었지만 우선 대학을 마쳐야 하는 나로서는 그렇게 보낼 수밖에 없었다. 편지를 받은 그녀는 '왜 그렇게만 생각하느냐고, 그냥 계속 펜팔하자'고 했다. 그 후 우리는 가끔 편지로 안부를 물으며 지냈지만 좀 서먹한 관계가 되었다.

　그해 겨울방학 때 내가 서울을 가게 되었다. 토요일 저녁, 종로(鐘路)에서 그녀를 만나 저녁을 먹고 그때 유행하던 음악 감상실에서 차를 마셨다. 그녀는 가족들도 나를 안다면서 집으로 가자고 하였으나 차마 그녀의 집으로는 갈 수가 없어서, 고향 친구들과 약속을 핑계로 그녀와 헤어졌다. 친구 집에서 자고, 이튿날 난생 처음 창경원에 갔는데 그녀가 친구 M을 데리고 나왔다. 내성적(內省的)인 성격의 그녀와 달리 M은 활달한 성격이었다. 그녀가 아이스크림을 사러 자리를 비운사이 M이 내게 물었다 'S가 나 땜에 힘들어 하고, 많이 좋아한 것 같은데 내 입장을 정확히 알고 싶다'고 했다.

　'나는 펜팔친구로 알고 지냈지 이성 친구로 생각해 보지 않았다'고 했더니 M이 '알았다. S한테 잘 얘기 하겠다'고 했다. M이 잘 얘기를 했는지 더 이상 S로부터 연락이 오지 않았다.

1983년 3월, 대학 졸업(卒業)과 함께 취직(就職)이 되어 서울로 올라왔다. 어느 날 그녀의 소식이 궁금해서 회사로 전화를 했다. 나도 서울로 취직해 왔다고 안부를 전했는데 그때는 그녀도 마음이 평온(平穩)해 진 것 같았다. 그렇게 우리는 서로의 기억(記憶)에서 잊혀져 가고 있었다.

그로부터 30여 년이 지난 2015년 3월, 우연히 페이스북(facebook)에 올라온 그녀의 메시지를 발견했다. 어떻게 연결되었는지 알 수 없지만 그녀가 내게 안부(安否)를 전해 놓은 것이다. 페이스북을 잘 안하는 나는 며칠이 지나서야 그녀의 안부를 보고 반가운 마음에 답을 보냈고 바로 그녀에게서 답이 왔다. 오스트리아 빈(Vienna)에 살고 있다는 사진속의 그녀는 중후(重厚)한 중년의 부인(婦人)이 되어 있었다. 나중에 서울 오면 얼굴이나 한번 보자고 했다.

  그해 가을, 결혼 30주년 기념으로 아내와 유럽여행을 가서 마침 오스트리아 빈에서 점심을 먹는데 문득 그녀가 거기 산다는 생각이 났다. '미리 연락했으면 아내랑 같이 만나 비엔나커피라도 한 잔 할 걸 그랬다'는 아쉬움이 있었다. 그러나 우리는 더 이상 연락하지 않았다. 우리의 인연(因緣)은 거기까지였다.

소개팅

    대학교 바로 앞에 위치한 하숙집에는 10여명의 하숙생들이 있었는데, 2학년이 되자 광양(光陽)에서 올라온 신입생 2명이 들어왔다. 그들과 재미있게 어울리다가 내가 여자 친구와 헤어졌다고 하자 초등학교 선배가 ○○교대에 다닌다며 미팅을 주선(周旋)해 주었다.

    초여름 저녁 무렵 광주공원 앞에서 K를 만났다. 초등학교 때 큰 북을 쳐서 별명이 '큰북'이라는 K는 조금 통통했지만 귀엽고 발랄했다. 인사를 하고 얘기를 나누며 공원에 올라가는데, 여름이었지만 다소 선선한 바람까지 불어 데이트하기 좋은 날씨였다.

    높지 않은 공원 정상까지 걸어가서 벤치에 앉아 이런 저런 얘기를 나누는데 갑자기 비가 내리기 시작했다. 우산이 없었던 우린 서둘러 공원을 내려가기 위해 발길을 재촉했다. 그런데 순식간에 빗줄기가 굵어지더니 한바탕 소나기가 퍼부었다.

　비를 제대로 맞고 내려와 순대 삶은 솥에서 김이 모락모락 나는 근처의 포장마차로 들어갔다. 비 맞은 장닭처럼 머리와 옷이 다 젖은 서로의 모습을 보고 같이 웃었다.
　얇은 블라우스가 젖어 달라붙은 그녀의 모습은 묘한 기분이 들게 했다. 앉아서 소주와 안주를 시켰는데, 빗소리를 들으며 둘이 먹는 소주 맛은 별미(別味)였다. 나는 오히려 조심하느라 천천히 마셨는데, 그녀는 제법 들이켰다.
　소주 두병을 비우자 소나기가 지나가고 비도 멈췄다. 택시를 타고 서방오거리 근처 그녀의 자취집에 바래다주고는 하숙집을 향해 걸었다. 버스로 3정거장쯤 되는데 비를 맞아서 그런지 걷고 싶었다.

　광주역(光州驛) 뒷길이라 다소 어두운 도로 옆에 고인 빗물을 피해 조심스레 걸어서 중간쯤 가고 있는데 갑자기 누군가 뒤에서 엉덩이를 차는 거였다.
　순간 붕 떴다가 땅바닥에 내동댕이 처졌다. "누구야!" 하면서 뒤돌아보는데 택시 한 대가 서 있고 운전사가 내리면서 괜찮냐고 물었다. 내가 검은 재킷을 입고 있어서 잘 안 보였는지 뒤늦게 발견하고 브레이크를 밟으면서 친 것이었다.
　일어나는데 엉덩이가 좀 얼얼하고 땅에 떨어지면서 팔목부위에 타박

상을 조금 입은 것 같았다. 택시 손님은 내리고 기사가 나를 태우고 서방 근처의 병원이라며 내리라고 했다. 조금 어두운 병원 안을 들어갔는데 뭔가 이상했다. 자세히 보니 가축병원이었다. 기사가 당황하여 불꺼진 병원 간판을 제대로 확인하지 않고 들어간 것이었다. 11시경이었으니 웬만한 개인 병원은 문을 닫을 때였다. 나는 괜찮은 것 같으니 그냥 집에 가겠다고 했다. 마침 멀지 않은 곳에 문을 연 약국이 있어서 약을 지어 먹고 다음 날 병원에 가기로 하고 집으로 돌아왔다.

　다음 날 일어나니 온몸이 욱신거리고 허리가 아팠으나, 다행히 검사 결과 큰 문제는 없다고 했다. 기사분은 사고 처리하면 여러 가지 지장이 있다고 처리를 안 했으면 해서 그러라고 하고 병원비와 약값만 기사가 부담하고 끝냈다.

　하숙집 아주머니는 여자를 바래다주고 오다가 사고가 났다고 별로 안 좋은 징조(徵兆)라며 그녀를 더 이상 만나지 말라고 했다. 나는 미신(迷信)을 믿지 않지만 그런 소리를 들으니 조금은 망설여졌고, 알바하느라 바빠서 더 이상 연락하지 않았다.

실연(失戀)

대학에 입학하면서부터 알바를 하느라 그 흔한 미팅 한번 못해 보고 1학년을 보내고 있었다. 인문사회계열에 입학해서 1학년은 교양과목(敎養科目) 위주의 수업을 받았는데, 우리 반은 남자 37명, 여자 17명, 54명이었다. 내가 남자 반장(班長)이었고, 여자 반장은 나보다 3살이나 위인 K언니였다. 누나가 없는 나로서는 K언니를 친누나처럼 따랐고 언니도 친동생처럼 편하게 대해 주셨다.

반듯하게 자란 분이라서 그런지 한 번도 나한테 하대 한 적이 없고 이름 뒤에 반드시 '씨'라고 붙였다. 수업 받을 때도 옆자리에 같이 앉았고, 내가 수업시간에 늦으면 자리를 잡아놓고 기다려 준 고마운 언니였다. 나이 차이가 많이 나서 둘 사이를 색안경 끼고 보는 사람도 없었.

언니 주변에는 자연스레 여학생들이 많이 모이게 되고 수업이 없는 시간에는 빈 강의실이나 식당에 모여 그룹스터디(group study)를 하곤 했는데 언니가 나도 끼어 주어서 참여하게 되었다. 그러다 보니 나 또한 다른 여학생들처럼 스스럼없이 언니라고 부르게 되었다.

2학기 수업이 끝나고 시험을 앞두고 있는데, 언니가 "낼 뭐할 거예요?"라고 물었다. "도서관에나 나올 생각이예요"라고 하자, "그럼 오전 10시까지 산수오거리로 와요"하는 것이었다. E라는 여학생 집에서 그룹스터디 하기로 했는데 같이 가자고 했다. 여학생 집에 가는 게 좀 그렇다고 하자. 언니는 "뭐 어때요? 공부하러 가는데, 학교서도 같이 하면서"하고 다그치는데 달리 할 말이 없어서 그러겠다고 했다.

다음 날 여학생 4명과 E의 집으로 들어가자, "어머 쟤는 남자애가 왔네?"하고 E의 어머니가 신기한 듯 물으셨다. "저 남자 아닌데요"하고 웃으면서 인사드리고 방으로 들어가서 큰 상을 펴고 공부를 했다.

맛있는 점심도 얻어먹고, 오후 4시쯤 스터디가 끝나고 커피를 마시면서 자연스럽게 미래(未來)에 대한 얘기가 나왔다. 나는 여학생 5명의 꿈을 들어 볼 수 있었다. 대학원 진학, 공무원시험 준비, 중고등학교 선생님 등 다양한 장래 희망(希望)들을 얘기하는데, 마지막으로 E가 '나는 현모양처(賢母良妻)가 되는 게 꿈'이라고 했다. 그녀의 대답은 의외였다.

광주에서 여고를 나오고 아버지가 의사인 유복(有福)한 가정에서 태어난 E가 그런 소박(素朴)한 꿈을 갖고 있다는 것에 모두들 놀랐다. 그렇게 차를 마시고 집을 나오는데 언니의 제안으로 E와 셋이서 근처 다방에 갔다. 거기서 언니는 나와 E가 잘 어울릴 것 같다며 사귀어 보면 어떻겠냐고 단도직입적으로 얘기했다. 혼자 알바해서 학교 다니는 나의 처지를 잘 아는 언니의 배려(配慮)이기도 했다.

나는 E의 유복한 가정이 나와 어울릴 것 같지 않다고 생각했지만 성실(誠實)하고 착한 E가 좋았고, 내성적인 성격의 E도 1년 동안 나를 봐 와서인지 그러자고 했다. 그렇게 해서 방학 중에 우리는 가끔 만나서 서로에 대해 알아가기 시작했다. 방학에도 돌아갈 집이 없어서 하숙집에서 알바를 해야 했던 나로서는 가끔 시간을 쪼개서 만나는 E와의 데이트가 유일한 즐거움이었다.

2학년이 되면서 나는 정치외교학과에 E는 불어불문학과에 갔다. 개학하자마자 시국(時局)은 혼란스러웠고 학교 강의를 들으면서 가능한 많은 학생들 과외를 하며 살아가야 하는 나로서는 바쁘지 않을 수 없었다. 그러니 자연히 둘이 만날 수 있는 시간적 여유가 많지 않았다. 그런 가운데 정권을 잡은 신군부가 대학생 과외금지(課外禁止) 조치를 내려 내게는 가장 큰 시련이 닥쳤다.

다른 살아갈 방도를 찾기 위해 동분서주(東奔西走)해야 했고, 그 와중에 대학은 휴교조치가 내려졌다. 그 무렵 만난 E가 갑자기 이별(離別)을 통보했다. '난 항상 자기를 재밌게 해 주는 사람이었는데, 요즘은 그런 것 같지가 않다. 그래서 서로 떨어져 있어 보자. 내가 정말로 자기에게 필요한 사람인지 생각해 보고 연락하겠다'고 했다. '내가 코미디언도 아닌데 언제나 재밌게만 해 줄 수 없지 않느냐, 여러 가지로 힘든 내 처지를 뻔히 알면서 갑작스럽게 그런 얘기를 하느냐'고 따져 봤지만 소용없었다. 휴교로 학교도 안 가는데 시기가 너무 안 좋은 것 같았다. 그래서 각자 좀 더 생각해 보고 다시 얘기하자고 헤어졌다.

  망치로 한 대 맞은 것 같다는 생각에 밤새 잠을 설치다 다음 날 오전 E의 집으로 전화를 했더니 밖에 나가고 없었다. '밖에 나오려면 연락이라도 할 것이지' 아무 연락도 없어서 조금은 서운한 생각이 들었다. 혹시나 하는 생각에 친구들과 충장로(忠壯路)를 나갔는데 역시나 친구 두 명과 함께 걸어오는 E를 만날 수 있었다.

  다방으로 데려가 "지금 시기가 너무 안 좋다. 휴교령으로 학교도 갈 수 없고 알바를 하기 위해 정신없이 살아야 하는데 다시 생각해 보면 안 되겠니?"하고 내가 애원(哀願)하듯 말했다. 이렇게 헤어지면 다시 보기 힘들 것 같다는 느낌이 들었다. 그런데 E는 "내 생각엔 변함이 없고 나중에 보고 싶으면 연락할게"라고 전날과 같은 얘기를 했다.

  특별한 이유도 없이 그렇게 헤어지는 것이 이해가 안 됐지만, 그녀의 마음을 확인한 이상 더 이상 비굴해지고 싶지 않았다. "그래 그렇게 하자. 그러나 나중에 네가 연락했을 때 내가 지금과 같은 마음일지는 나도 모르겠다"라고 얘기하고는 다방에서 일어났다.

  다음 날 하숙집으로 전화가 왔다. 그녀의 절친 여고 동창이면서 1학년 때 우리 반이었다 국문과로 간 Y였다. "응, 웬일이야?". "너 E와 헤어졌다면서? 잊어버려, E 남자친구 생겼어. 서울에서 대학 다니는데 오빠 친구래". "근데 왜 나한테 그걸 알려주는데?". "응 네가 안타까워서 그래…" 나는 Y의 얘기를 믿고 싶지 않았고 그녀와 절친이라는 Y가 왜 내게 그런 얘기를 하는지 이해되지 않았다. 그 후 그녀로부터는 아무런 연락이 없었고 나도 여러 알바를 하며 바쁘게 사느라 정신없이 3개월이 훌쩍 지나고 9월이 되어 개학(開學)했다.

그녀와는 같은 캠퍼스여서 오며 가며 보게 되는데 나랑 마주치게 되면 고개를 푹 숙이고 저 만큼에서 피해가는 거였다. 원수진 사이도 아니고 눈인사라도 하고 서로 안부라도 물으면서 지내면 좋으련만 나를 피하는 것 같은데 굳이 불러서 물어보는 것도 이상해서 그냥 그렇게 먼 발치에서 지나쳤다.

그리고 1주일쯤 후 E의 언니가 전화해서 한번 보자고 했다. 그녀와 연년생인 언니를 그녀랑 같이 한번 본 적이 있었는데, 당시 대학생이었던 언니는 그녀와 달리 성격도 활달(豁達)하고 시원시원했다.

시내에서 만난 언니가 E와 헤어졌냐고 묻기에 그간의 자초지종(自初至終)을 얘기해 주었다. 언니는 알았다는 듯이, '그녀가 다시 나를 만나고 싶은데 그런 사정 때문인지 말도 못하고 집에서 울면서 속앓이만 하고 있다'며 나한테 그녀를 한번 만나 보라고 했다. 나는 그러면 캠퍼스에서 만나서 서로 얘기 할 수도 있는데 왜 고개만 숙이고 다니는지 이

해가 안 갔지만 언니의 요청도 있고 해서 '한번 만나 보겠다'고 했다.

다음 날 학교 앞 다방에서 E를 만났다. 언니 얘기대로 '다시 만나보고 싶다'고 했다. 나는 "그래 네가 원하면 그렇게 하자, 그런데 지금 마음이 예전 같지는 않아, 노력해 볼게…". 실제로 아무런 이유도 모른 채 헤어졌다 다시 4개월 만에 시작하려니 그때와 같은 마음일 수는 없었다. 그렇게 우린 다시 만났으나 예전의 그 상태로 돌리는 것이 쉽지는 않았다.

내가 알바하고 돌아오면 가끔은 하숙집에서 내 빨래도 하고 방 청소도 하고 기다리고 있었다. 그런 그녀를 나는 피곤하다는 핑계로 버스정류장까지 바래다주지도 않았다. 그렇게 잘 해 주는데도 마음이 가질 않았다. 하숙집 아주머니는 E처럼 착한 애가 없다고 했다. 그렇다고 내가 다른 사람을 사귀거나 만나는 것도 아니었다.

3개월쯤 지나 겨울방학이 시작되자, 시내 레스토랑에서 E를 만나 이번에는 내가 말했다. "예전처럼 마음이 돌아오지 않는데 이런 상태로 너를 계속 만난다는 것은 너를 속이는 것 같다. 그러니 그만 만나자. 혹시 떨어져 있다가 네가 정말 보고 싶으면 내가 연락할게." 난 불과 몇 개월 전 그녀가 내게 했던 얘기를 똑같이 하고 있었다. 꼭 그렇게 복수하고 싶은 생각에서가 아니라 정말로 마음이 내키지 않았다.

E는 예감(豫感)이 안 좋았던지 울면서 기다리겠다고 했다. 그러나 나

는 냉정(冷靜)해야만 했다. 내가 다시 그녀와 계속 만나면 졸업하자마자 그녀는 결혼을 생각할 텐데, 나는 혼자 힘으로 학교를 마쳐야 하고 군대도 다녀와야 하고 취업해서 결혼준비까지 하려면 시간이 많이 걸릴 것이어서 나와는 맞지 않을 것 같았다. 그럴 바엔 서로 더 가까워지기 전에 그녀를 놓아주어야 한다는 생각이었다.

그렇게 헤어지고는 우린 더 이상 연인(戀人)처럼 지낼 수가 없었다. 그것이 나의 대학시절 유일한 연애(戀愛)였다. 그녀는 대학졸업 후 바로 결혼을 했고, 광주에 있는 여고에서 선생님으로 근무한다고 들었다. 인생(人生)에 가정(假定)은 없지만, 내가 그녀와 결혼했으면 고생 덜 하고 살았을지도 모른다. 그러나 인생이 어디 우리 생각과 뜻대로만 되는 일이던가? 둘의 운명(運命)이 그런 것을.

약혼(約婚)

한국보험공사에 입사한지 4개월 만인 1983년 7월, 방위병(防衛兵) 복무를 위해 회사를 휴직(休職)하고 형님들이 살고 계시는 목포(木浦)로 갔다. 선창가에서 D상회를 하시던 큰 형님 댁(宅) 옆에 방을 하나 얻어서 밥은 형님 댁에서 먹고 다닐 생각이었다. 방위병이라면 으레 동사무소(洞事務所)에서 예비군(豫備軍) 통지서나 돌리는 정도로 생각하고 있었던 나는 31사단(師團)에서 4주간의 교육을 받은 후 무안(務安)에서 목포(木浦)로 가는 길목에 있는 96연대(聯隊)에 배치되었다.

현역병(現役兵)이 40명에 방위병이 160명으로 말이 방위병이지 현역병과 똑같이 훈련(訓鍊)하고 야간에는 함께 해안초소 경계근무도 서야 했다. 결국 도시락을 싸들고 출퇴근을 하면서 군복무를 한 것이다. 나는 목포가 고향이 아니고 대학을 졸업하고 직장생활을 하다 간 처지여서 처음에는 나이 어린 선임병(先任兵)들 때문에 좀 힘들었다.

그러다 나처럼 대학을 졸업하고 온 또래 친구 N을 만났다. 이공계(理工系) 출신인 N은 대학을 졸업하고 병역특례(兵役特例) 혜택을 받는 K대학원에 진학하였으나, 알러지가 심하여 계속되는 실험실 생활을 버티지 못하고 자퇴(自退)하고 방위병으로 오게 되었다고 했다. N은 목포가 고향이어서 쉬는 날은 그 친구 집에 가서 시간을 보내면서 서로에 대해서 자세히 알게 되었다.

대학교 때 사귀던 E와 헤어진 후 알바를 하면서 학교 다니기에 바빠서 다른 여자를 사귀지 못했고, 졸업하자마자 취업하고 4개월 만에 군 복무를 위해 목포에 내려온 처지였기에 사귀는 여자가 없었지만, 결혼은 내가 바라는 이상형(理想型)의 여자와 연애결혼(戀愛結婚)을 하고 싶었다. 그런데 형님, 형수님은 혼자 사는 동생이 빨리 가정을 꾸리기를 바라는 것 같았다. 방위복무를 시작하고 얼마 지나지 않아 형님 댁에서 저녁 식사를 하는데 사귀는 여자가 없다는 것을 확인한 형수님이 선을 한번 보지 않겠냐고 조심스레 말씀하셨다. 나는 짧은 머리에 볼품도 없는데 무슨 선이냐면서 아직 생각 없다고 했다.
해남(海南)이 고향이신 형수님 주변에서 자꾸 재촉을 하는지 형수님께서 몇 번 더 말씀을 하셔서 내키지 않았지만 한번 보기로 했다. 일요일에 목포의 다방에서 B의 부모와 형님 내외랑 6명이 만났다. 기대도 안 했기에 여자가 눈에 들어오지 않았다. 나는 군(軍) 복무 중이고 취직한지 얼마 되지 않아서 아직 결혼할 준비가 되어 있지 않다고 얘기했더니, B의 아버님이 "그런 건 아무 문제가 아니여, 나는 결혼식 날짜 받아놓고서 6·25가 터져서 군대에서 나오지 못하는 바람에 내 사진을 놓고 우리 집사람하고 결혼식을 올렸는데도 이렇게 잘 살고 있는디…" 하시며 적극적이었다.

잠시 후 양가 어른들이 나가고 둘만 남았다. B는 광주에 있는 H신용금고에 다닌다고 했다. 내가 다시 지금 결혼할 준비도 안 되어 있고 생각이 없는데 형수의 성화에 못 이겨 어쩔 수 없이 나왔다고 얘기하자, 분위기(雰圍氣)를 파악한 그녀는 혹시 광주 오면 연락하라고 사무실 전화번호를 알려주었다. 전화번호를 받고야 어색(語塞)한 그 자리에서 해방될 수 있었다.

방위병 소집해제를 두어 달여 앞둔 어느 날, N이 나한테 선을 한번 보지 않겠냐고 물었다. N의 아버지께서 고등학교 교사로 재직 중이셨는데, 상대가 같이 교직에 계시는 친구분 딸이고 나이가 같아 친구처럼 지내는데 은행에서 근무한다고 했다. 나는 이제 겨우 취직만 했을 뿐 결혼할 생각이나 준비가 안 되어 있었기에, 부모들까지 보는 선은 좀 그렇고 재미삼아 우리끼리만 보자고 했다.

며칠 후에 친구랑 레스토랑에 갔는데, N은 B를 소개해 주고 도망치듯 가버렸다. B가 지금의 내 아내가 될 것이라는 것을 그때는 전혀 생각지도 못했다. 그러나 부부(夫婦)의 인연(因緣)이란 있는 것 같다. 세상을 혼자 살아가면서 그때 내가 찾는 여자는 '첫째 똑똑해야 한다'. '둘째는 여자다워야 한다'는 것이었는데 B는 똑똑하지도 않고 여자답지도 않았다. 다만, 첫인상이 세상의 때가 묻지 않고 참 착하다는 것이었는데 그런 나의 판단은 옳았던 것 같다. 지금까지 묵묵히 내조(內助)하면서 반듯하게 살고 있으니까. 나와 아내의 첫 만남은 그렇게 시작되었다.

아내는 가냘플 정도로 날씬한 체형에 밝고 선한 얼굴이었다. 그때 유행하던 함박스테이크에 저녁을 같이 먹으면서 자연스레 내가 말을 많이 했다. 내 모습이 머리도 짧고 볼품은 별로 없었지만 그래도 소개해 준 친구를 생각해서인지, 첫인상이 괜찮아서인지 아내는 내 얘기를 경청하는 것 같았고 유머(humor)를 곁들인 내 얘기로 화기애애(和氣靄靄)하게 시간을 보내고 헤어졌다.

어차피 나는 친구가 좋은 여자 있다고 해서 그냥 한번 보자는 생각에 나갔기 때문에 부담도 없었고 만남 자체에 큰 의미를 두지 않았는데, 혼기가 찬 딸을 둔 처가(妻家)쪽에서는 그렇지 않았던 모양이었다. 며칠 후 N을 통해서 장모(丈母)님이 한번 만나보고 싶어 하신다는 얘기를 들었는데 나는 따로 만나는 것은 부담스럽다며 거절했다.

그러던 중 내가 N의 집에 놀러 갔는데 마침 장모님이 거기와 계셔서 자연스럽게 인사를 드리게 되었다. 장모님은 밝은 인상에 꽤나 적극적

(積極的)인 성격이어서 이것저것 물어보시는데, 나는 아직 결혼준비가 되어 있지 않다고 했더니 다짜고짜 큰 형님 내외(內外)를 한번 만나보고 싶다고 하셨다. 나중에 들은 얘기지만 처가에서는 나에 대해서 다 파악(把握)을 하고 계셨고 가진 것은 없지만 직장이 있고 사람이 반듯하니 딸을 맡겨도 굶기지는 않겠다는 판단을 하시고 적극적으로 나섰다고 한다. 더욱이 나는 2개월 후면 방위복무를 마치고 서울로 올라가기 때문에 처가에서는 그 전에 무언가 확실히 하고 싶었던 것 같았다.

N도 중간에서 역할을 했고 장모님의 집요(執拗)할 정도로 적극적인 요청에 큰 형님 내외와 처가 식구들과 만남을 갖게 되었다. 장모님도 무남독녀(無男獨女)셨는데 백발(白髮)이 성성한 처(妻) 외할머니께서도 그 자리에 나오셔서 나를 보시고는 "고집이 있게 생겼구먼"이라고 한 말씀 하셨다. 이런 저런 얘기가 오가다가 형수님이 우리는 아직 결혼 준비가 안 되어 있다고 하자 처가에서는 그럼 우선 약혼(約婚)이라도 하자고 제안했다. 역시 내가 서울로 가기 전에 결정을 해야 했는데, 한번 만난 나와 아내는 아직 서로에 대해 잘 알지도 못했고 크게 끌리는 것도 아니었다.

다만, 혼자 오래 살아온 나로서는 장모님의 자상(仔詳)하신 모습과 M여상에서 교직에 계셨던 장인(丈人) 어른의 점잖고 소탈하신 모습이 좋아 보였다. 형수님은 아내가 몸이 너무 약한 것 같다고 말씀 하셨는데

나는 여자는 엄마를 닮는다고 생각했기에 장모님 모습을 봐서는 아내의 몸이 약하지는 않을 것이라고 생각했다. 아내도 애교가 있는 성격이 아니고 은행 창구에 근무 중일 때라 매일 늦게 끝나서 자주 보지도 못했다. 우리의 의사(意思)와 상관없이 처가 쪽에서 적극 서두르는 바람에 우리는 만난 지 1개월 만에 양가 가족들만 참석한 가운데 식당에서 저녁을 먹으면서 작은 반지를 나누는 것으로 약혼(約婚)을 하게 되었다. 그리고 둘이서 지리산으로 등산을 갔다 왔고, 1개월 후 나는 군 복무를 마치고 서울로 올라와 회사에 복직(復職)하게 되었다.

결혼(結婚)

    회사에 복직하면서 마포에 있는 하숙집을 다시 들어갔는데, 주변에서 괜찮은 여자가 있다고 소개(紹介) 시켜주겠다는 제안이 간간이 들어왔다. 나는 약혼한 여자가 있다고 얘기를 하고서는 주말에 내가 목포에 내려가거나 아내가 올라와 2주에 한번 꼴로 만났다. 그렇게 1년이 지나가자 단기간에 돈 모아서 결혼한다는 것은 어렵다는 것을 알고 내가 결단(決斷)을 내려야 했다.

    아내와 만나서 혼수(婚需) 장만할 돈으로 방을 얻고 혼수는 내가 신용카드로 장만하여 결혼식을 올리기로 했다. 주례는 대학교 때 은사님이신 같은 과 P교수님을 찾아가 부탁을 했다. 교수님께서 목포까지 내려와 주시겠다고 흔쾌히 수락하셨다.

　그렇게 준비하여 친구 매형이 복덕방을 하는 금호역 부근 옥수동에 보증금 550만 원에 월세 10만 원짜리 방을 얻고, 1985년 11월 24일 목포 J예식장에서 결혼식을 올렸다.

　신혼여행은 제주도로 갔는데, 처가 친척을 통해 개인택시 하시는 분을 연락하여 2박3일 동안 같이 다녔다. 지금은 제주도에 렌터카가 많지

만 그때만 해도 렌터카가 거의 없던 시절이고 나와 아내도 제주도 여행이 처음이라, 우리처럼 처음 제주에 오는 분들을 위해 개인택시 기사분들이 관광안내를 해 주는게 유행(流行)이었다. 그분들이 제주 지리도 잘 알고 유명 관광지(觀光地)나 맛집을 잘 아니 신혼여행객들에겐 안성맞춤이었다. 첫 날은 제주에서 자고 둘째 날은 제주 곳곳의 관광지를 구경한 후 저녁 무렵 서귀포의 P호텔에 도착했다.

방을 배정받아 짐을 푼 다음 호텔 내에 있는 저녁식사 장소에 갔더니 우리와 같은 신혼부부 여러 쌍이 와서 같이 둥근 테이블에 둘러 앉아 식사도 하고 맥주도 한 잔 할 수 있는 곳이었다. 식사를 거의 마치고 맥주를 한 잔씩 기울일 즈음, 사회자가 무대에 오르더니 분위기를 주도하면서 게임도 하고 넌센스 퀴즈를 냈다.

퀴즈를 맞히면 선물도 준다고 했다. 두 번째 퀴즈가 "아담과 이브의 하복(夏服)은 무엇일까요?"였다. 아담과 이브는 옷을 입지 않고 나뭇잎으로 주요 부분만 가리고 있었는데, 하복이라니? 그때 사회자가 "평소 나뭇잎으로 주요부분을 가리고 있었지만, 여름에는 그마저도 더워서 고안해 낸 하복이 있었습니다"라고 힌트를 줬다.

그렇다면 '어차피 나뭇잎일 텐데 바람이 잘 통하는 나뭇잎, 구멍이 뚫린 나뭇잎 그건 벌레가 먹어서 구멍이 뚫리니까 벌레 먹은 나뭇잎이네'. 생각이 여기까지 미치자 "저요"하고 손을 번쩍 들었다.

이미 여기저기서 손을 들고 다양(多樣)한 의견을 말했는데 고개를 저었던 사회자가 나를 지명하자 "벌레 먹은 나뭇잎이요"라고 대답했다. 사회자가 놀란 표정으로 다시 한번 묻더니 "정답입니다!" 하면서 박수를 유도했다.

앞으로 나오라고 하더니 상품으로 P호텔 1박 무료 숙식권을 주었다. 다음 날 목포로 돌아와 장인·장모님께 그 숙식권을 드렸더니 좋아하셨다. 그리고는 직장 때문에 아내를 목포(木浦) 처가(妻家)에 두고 나만 서울로 올라와 주말부부(週末夫婦)로 신혼(新婚)생활을 시작했다.

① 안타까운 누나(G)

어렸을 때 불만이 '우리 집에는 왜 누나가 없는가?'였다. 동생들 잘 챙겨주는 다정다감(多情多感)하고 자상(仔詳)한 친구 누나들을 보면서 삼형제만 있는 우리 집이 못마땅했다. 예쁘고 귀여운 여동생이 있으면 좋았을 텐데 하는 생각도 많이 했었다. 그런 때문인지 살면서 누나들을 만나게 되었다.

국민학교 6학년 겨울 방학 때 학교에서 주산(珠算)을 배웠는데 그때 주산을 가르쳐 주던 G누나는 졸업을 앞둔 여고 3학년이었다. 옆 동네에 살던 누나는 내게 살갑게 잘 해 주었고 엄마와 둘이 살던 우리 집에도 가끔 들르곤 했다. 누나는 졸업 후 마산에 있는 H합섬에 취직이 되었다고 편지가 왔고, 내가 중학교에 진학해서도 가끔 편지로 안부를 전하곤 했다. 중학교 2학년 여름 방학을 앞두고 누나로부터 마산으로 놀러오라고 편지가 왔다.

버스를 타고 보성역으로 가서 열차를 타고 마산역에 내려서 회사로 전화를 하면 누나가 역으로 나온다고 했다. 방학 때 마땅히 갈 데도 없었고, 어머니께서 갔다 오라고 떡을 해 주셔서 마산을 향해 출발했다. 마산역에 내려 누나에게 전화를 했더니, '역에서 기다리면 누가 갈 거야'라고 했다. 잠시 후 국민학교 때 같은 학교에 근무하셨던 Y선생님께서 역으로 오시는 걸 보고 깜짝 놀랬다. 선생님께서는 전날 밤 마산에 오셨다고 했다.

선생님을 따라 저녁식사 장소로 이동하자 잠시 후 누나가 왔고 셋이 같이 저녁을 먹었는데, 그제서야 누나와 선생님이 서로 좋아하는 사이인 걸 알았다. 다음 날은 쉬는 날이라 아침을 먹고 해수욕장에 갔는데 누나와 같이 근무한다는 나주(羅州)가 고향이라는 B누나도 같이 갔다. 넷이서 해수욕장에서 그렇게 놀다가 저녁까지 먹고 그날 밤 열차로 보성을 거쳐 장흥으로 돌아왔다. 그리고는 G누나와는 연락이 끊겼다.

그로부터 20여 년이 흘러 서울에 살면서 고향 선배의 부친상에 문상(問喪) 갔다가 거기서 G누나를 다시 만났다. 누나는 결혼해서 잠실에 살고 있었는데 여전히 적극적인 성격으로 반겨주셨고 애들까지 한번 보자고 하여 우리 가족과 매형이랑 같이 식사도 했다.

그렇게 간혹 안부를 묻고 지내다가 누나의 소식이 뜸 했는데 연락해 보니 몸이 아파서 병원에 계셨다고 했다. 체구도 크고 건강해 보였는데 누나가 아프다는 사실이 믿겨지지 않았지만 얼마 후 결국 누나는 그렇게 일찍 세상을 뜨고 말았다. '인명(人命)은 재천(在天)'이라지만 너무 일찍 세상을 떠난 G누나가 너무나 안타깝다.

② 고마운 누나(B)

고등학교 2학년 여름, 어머니가 목포 병원에 입원하신 후 혼자서 밥을 해 먹고 장날엔 수박과 참외를 내다 팔며 학교를 다니고 있었다. 그때 나보다 두 살 위인 같은 반 L형이 '엄마 병원에 계신 동안 친척 동생 공부 좀 가르쳐 달라'고 했다.

같은 고등학교에 다니는 나보다 한 학년 아래 S의 집은 읍내의 시장 근처에 있어서 학교까지 4km 정도인 우리 집에 비해서는 훨씬 가까워 수박농사가 끝나자 그 집에서 밥을 먹고 S와 같이 공부하면서 지내게 되었다. 거기서 한 학년 위의 B누나를 만났다. 여고(女高) 3학년이었던 누나는 하얀 피부에 예쁘고 다정한 내가 그리던 누나였고 내가 부러워하던 친구들 누나 같았다.

어머니는 C병원에서 수술을 받고 퇴원해서도 큰 형님 집에서 계시다가 3개월 만에야 집으로 돌아오셨다. 그 3개월 동안 내가 그 집에서 잘 지낼 수 있었던 것은 S의 가족들 모두가 내게 잘 대해주었고 특히 누나가 내게 친동생처럼 잘 대해주었기 때문이었다. 어머니께서 집으로 오시면서 나도 그 집을 나오게 되었는데, 어머니께서는 결국 그해 12월 초(初) 세상을 떠나셨다. 그때 누나가 동생이랑 같이 집에 문상(問喪)을 와서 슬픔을 같이 나누었다.

그리고 누나가 여고 졸업 후 광주로 가면서 소식이 끊겼다. 다음 해 내가 대학에 들어간 후 누나가 결혼(結婚)한다는 소식을 들었다. 옆집에 사는 초등학교 1년 선배인 매형이 좋아했던 첫사랑이라며 누나와 결혼을 하게 되었다는 것이다. 누나는 자신의 꿈을 펼쳐보기도 전에 너무 빨리 결혼하는 게 싫었지만 매형 쪽에서 적극적으로 서둘러서 결혼하는 것 같았다. 그래도 누나가 잘 살기를 진심(眞心)으로 바랐다.

누나의 소식을 다시 접하게 된 것은 그로부터 상당한 시간이 흐른 뒤였다. 학교 2년 선배여서 나도 잘 아는 매형은 외동아들로 기타도 잘 치고 노래도 잘 부르는 멋쟁이였는데, 고물상을 운영하면서도 일은 전혀 하지 않고 술을 너무 많이 먹는다는 것과 술 먹으면 주사(酒邪)가 있어서 누나와 자주 다툰다는 것이었다.

엄마 산소에 갔다가 가끔 보는 누나는 시부모 모시고 애를 셋이나 낳아 기르면서 고물상 일까지 혼자 해야 해서인지 많이 힘들어 보였다. 그래도 본인이 선택한 길이라고 매형 원망(怨望) 않고 묵묵히 참아내며 살아가는 모습이 많이 안타까웠다.

내가 옥수동 살고 있을 때, 누나는 무언가를 해보겠다고 매형과 함께

서울로 올라 왔었는데, 적응(適應)을 못하고 얼마 지나지 않아 다시 고향으로 내려갔다. 누나 생각에 고향에서는 매형 친구들이 많고 할 일도 마땅치 않아서 아무도 모르는 곳에서 새롭게 살아 보려고 올라오신 것 같은데 매형의 태도에 변화가 없어서 다시 낙향(落鄕)하고 만 것이다.

그리고 얼마 지나지 않아 열심히 살아보려는 누나의 헌신(獻身)에도 불구하고 결국 매형은 세 자식들과 누나를 남겨두고 일찍 세상을 뜨고 말았다. 그때부터 누나는 씩씩하게 애들 셋을 키우며 열심히 살아가야 했다. 그 후 누나는 무슨 일이 있으면 자연스럽게 나와 상의(相議)를 많이 했고 나는 누나의 그런 처지(處地)가 안타까워 가능한 도움을 주려고 노력했다.

누나는 나한테 정말 친누나도 하기 어려울 만큼 잘 해 주었다. 일찍이 어머니가 돌아가시고 혼자 살아야 했던 내가 고생한다는 안타까움이 늘 누나한테는 있었던가 싶다. 2010년 내가 광주 지원장으로 사택(舍宅)에 있었던 1년 동안 누나는 나의 아침을 해결해 주었다.

장흥에서 찰밥과 다슬기 된장국, 매생이국 등을 만들어 와서 작은 비닐팩에 넣어 밥은 냉동실에 국은 냉장실에 넣어두었다. 내가 매일아침 데워서 먹으면 그렇게 고소하니 맛있었다. 김치며 간단한 밑반찬도 함께 가지고 왔다. 마침 누나의 큰 아들이 사택에서 가까운 곳에 살고 있었는데 두 집의 반찬이 떨어지지 않게 누나가 준비해 주었다.

둘째 해정이가 고3이라는 이유로 서울에서 내려올 수 없었던 아내도 자기가 할 일을 누나가 대신해 주니 고마울 따름이었다. 그런 천사(天使)같은 누나는 지지리 복(福)도 없었다.

　매형이 죽고 상당한 시간이 흘러서 돼지농장을 하는 분을 만나서 다시 가정을 꾸리고 살고 있다고 해서 나도 휴가 때 내려가서 그분을 만나서 같이 식사도 했었다. 술도 먹을 줄 모르고 농촌에서 성실하게 사시는 분 같아서 마음이 놓였다. 그런데 얼마 지나지 않아 누나가 그분과도 헤어졌다는 소식을 들었다. 그리고 누나의 큰 아들도 결혼도 하지 못한 채 젊은 나이에 매형의 뒤를 따라 가고 말았다. 정말 누나의 삶이 힘들고 어려운 것 같아 나 또한 늘 안타깝다.
　그리고 그 어려운 삶을 살면서도 오히려 나를 걱정하고 우리 가족을 생각해 주는 누나가 내게는 천사(天使)일 뿐이다. 나와 피 한 방울 섞이지 않았지만 언제나 변함없이 나를 생각해 주는 누나가 있어 늘 든든하고 고마울 뿐이다. 지금은 마음을 추스르고 고향에서 혼자 살아가는 누나를 생각할 때마다 나도 모르게 눈물이 난다. 누나! 그래도 열심히 살아야 해, 억울해서라도 열심히 살아야 해.

회장님

 2009년 3월 금감원 국, 실장 승진(昇進) 인사 발표가 있었는데, 난 고배(苦杯)를 마시고 말았다. 승진 서열(序列)이 밀리지 않는다고 생각하고 은근히 기대하고 있었는데, 인사란 여러 변수가 있어서 서열대로만 되는 것은 아니라고 하지만 경쟁에서 탈락(脫落)했다는 패배감(敗北感)은 생각보다 컸다.

 그때 담당 임원이던 K본부장이 불러 차(茶)를 한잔 주면서 "미안합니다. 이번엔 안됐지만 내년에 또 기회가 있고 나도 꼭 챙겨 볼 테니 너무 실망(失望) 말고 열심히 해 주세요"라고 위로(慰勞)해 주셨다.

 K본부장은 외부에서 감독원으로 영입된 분으로 인사(人事)·기획(企劃) 및 소비자보호(消費者保護)본부를 담당하고 계셨고, 불과 1년 모셨지만 그 분의 진정성(眞情性)을 알고 있었기에 그 말씀을 이해할 수 있었다.

그런데, 1주일 후 부국장 및 팀장 보직(補職) 인사가 있었는데, 나는 부국장(副局長)보직도 받지 못했다. 그 당시 부국장 보직은 급여(給與)에 영향을 미치는 것은 아니었지만 팀장보다는 선임(先任)으로서의 상징성(象徵性)은 있어서 진급하는데 유리함에도 그마저 후배들에게 밀렸으니 주변에서는 내가 물 먹어서 더 이상 진급이 어려운 것처럼 안쓰러운 눈으로 보았다.

나 또한 진급에서 탈락하고 부국장 보직도 못 받으니 이해할 수가 없어서 무슨 이유인지 본부장님께 물었다. 본부장께서는 "당신은 부국장 아니었어요?" 하면서 오히려 반문(反問)하셨다. 승진 서열에도 들고 해서 내가 당연히 부국장인줄 알았다는 것이었다. 1개월 후 본부장께서 진심으로 미안하다며 머리나 식히고 오라고 영국 재무성(財務省)연수[3]를 다녀오라고 했다.

나는 한가하게 머리를 식힐 입장이 아니었고 주로 젊은 직원들이 가는 연수라 다른 사람 보내라고 고사(固辭)했다. 하지만 그래야 마음이 편하겠다는 본부장님의 간곡(懇曲)한 요청(要請)으로 연수를 다녀와야 했다. 연수를 다녀와서는 다음 해를 기약(期約)하며 마음을 다잡고 다시 열심히 일했다.

그해 11월, 국회 국정감사(國政監査)를 마치고 다음 해 업무계획을 준

---

3) 영국 런던의 금융협회 및 금융회사를 방문하여 1주일동안 교육을 받는 연수 프로그램으로 각 본부별로 1명씩 선발하여 10여명이 가는데 대체로 4~5급의 젊은 직원들이 가는 과정

비 할 무렵, 갑자기 K본부장께서 사임(辭任)을 하고 말았다. 본부장께서 인사·기획파트 대신 제재·심의 파트를 맡게 되자 사표를 내신 것이었다. 그렇다고 사표를 내신 분한테 '그렇게 가시면 어떻게 하냐'고 따질 수도 없어서 인사드리러 갔더니 나한테 '미안하다'고만 하셨다.

해가 바뀌고 연초(年初)가 되면 다시 인사 시즌인데 담당 임원이 사표를 냈으니 '나는 정말로 안 풀리는가?', '금감원에 와서 부서장도 못 해보고 나가는가?' 싶었다.

그러나 본부장의 사임이라는 위기는 오히려 내게 기회가 되었다. 갑작스런 사임으로 새로운 본부장이 외부에서 선임되기 까지는 1개월 이상 걸렸고, 그 동안은 담당 임원이 공석(空席)이어서 모든 보고는 본부장을 겸하는 K수석(首席)부원장께 직접 해야 했다. 수석부원장께서 매달 두 번씩 열리는 금융분쟁조정위원장(金融紛爭調停委員長) 직(職)을 겸(兼)하고 계셨기에 그 전에도 뵈었지만 더 자주 뵐 수 있었다.

그런 덕분인지 2010년 시무식(始務式) 때 업무 유공 최우수상(最優秀賞)을 수상했고, 3월 인사에서 승진(昇進)하여 광주 지원장으로 발령을 받았다. 나와는 출신지역이나 학교 등 아무런 연고(緣故)도 없는데 묵묵히 일하는 모습을 보고 챙겨주신 수석부원장님 덕분(德分)이었다.

광주 지원장으로 근무하고 있었던 2010년 가을 수석부원장께서 서민금융(庶民金融) 지원(支援) 행사차 광주 출장을 오셨는데, 행사를 마치고 점심 식사 후 서울로 올라가는 비행기 시간이 2시간 정도 여유(餘裕)가 있었다. 고향이 충남이신데도 광주에 처음 오셨다고 해서 '무등산(無等山)을 한번 가보시겠냐'고 했더니 '국립5·18민주묘지에 한번 가보자'고 하셨다. 공원 측에 미리 연락을 하고 갔는데 평일(平日)이라 조문객(弔問客)이 우리뿐이었다.

경건(敬虔)한 배경음악과 함께 수석부원장 일행이 조문한다는 사실을 방송으로 알려주었다. 대학 2학년 때 역사의 현장에서 5·18을 몸소 체험했던 나로서도 잠든 영령(英靈)들 앞에 서니 감회(感懷)가 새로웠다. 조문 후 묘지를 한 바퀴 돌아보시고는 광주공항으로 이동하는 차(車) 안에서 수석부원장께서 "그래도 여기를 한 번 와 보기를 참 잘했다"고 말씀하셨다.

그렇게 광주지원장으로 바쁘게 생활하고 있는데 2011년 초 세종연구소(世宗研究所) 국가전략연수과정(國家戰略研修課程)에 교육파견 명령이 나서 2월 6일 인사를 드리기 위해 본원에 들렀다. 때마침 수석부원장께서는 당일(當日) 수출입은행장(輸出入銀行長)으로 발령이 나서 짐을 싸고 계셔서 인사를 드리고 헤어졌다. 이후 수출입은행장의 3년 임기를 마치고 NH농협금융지주회장으로 옮기셨다.

내가 금감원을 퇴직하고 2년이 지난 2017년 2월 마침 NH농협생명에서 상근감사위원(常勤監事委員)을 찾는다는 소식을 듣고 K회장님을 찾아가 지원(志願)의사를 밝혔다.

회장님께서는 "당신이 오면 좋지!" 하시면서 흔쾌히 받아주셨다. 그리하여 2017년 4월부터 NH농협생명에서 근무하게 되었고 회장님께서는 2018년 4월, 3년 임기를 마치고 광화문에 있는 대형 S로펌(law firm)의 고문(顧問)으로 가셨다. 나 또한 2019년 6월, S로펌과 가까운 코리안리(Koreanre)로 옮겨 근무하고 있으니 회장님과의 인연(因緣)이 보통은 아닌 것 같다.

회장님 고맙습니다!

농협생명

금감원에서 퇴직한 지 2년이 지난 2017년 4월 1일부터 NH농협생명보험에서 상근감사위원으로 근무하게 되었다. 아버지께서 광주농고를 졸업하고 농협에 근무하다 돌아가신지 50여 년이 지나서 나도 농협에 근무하게 된 것이다. 금감원을 퇴직하기 얼마 전 출근길에 5호선 전철을 타고 여의도역에 내리려는데, 비어있는 옆 좌석에 선명하게 반짝이는 농협 배지가 있어서 그걸 주워 책상서랍에 넣어 둔 것을 금감원을 퇴직하면서 보게 되었는데, 생각해 보니 그 배지가 내가 농협생명에 올 것을 예견(豫見)했던 것 같다.

시중에 우스갯소리로 "감사(監事)는 감사(感謝)합니다하고 조용히 지내는 자리"라고들 하는데, 나는 그렇게 살고 싶지 않았다. 근무하는 동안 농협생명에 조금이라도 도움을 줄 수 있도록 노력하고 싶었다. 오랫동안 공제사업을 하면서 관행(慣行)처럼 해왔던 일들이 보험법규에 맞는지 점검(點檢)하는데 그치지 않고, 재발방지(再發防止)를 위해 어떻게 개선(改善)해야 하는지 고민하고 의견을 제시했다.

보험은 장기계약이고, 농협생명은 여타 보험사들과의 치열한 경쟁(競爭)에서 살아남아야 하기 때문이다. 비록 27개월이라는 짧은 기간이었지만 농협생명에 근무하면서 겪은 색다른 경험은 앞으로 살아가는데 많은 도움이 될 것이라 믿는다.

특히 농협중앙회 감사위원장과 경제지주와 금융지주의 주요 계열사 감사들이 매월 각 회사를 순방하면서 가졌던 간담회는 나처럼 외부에서 온 사람도 농협과 각 계열사에 대해 이해의 폭을 넓힐 수 있고 서로 정보도 교환할 수 있는 유익한 자리였다.

외부에서 피상적으로만 알고 나와는 아무 상관없는 조직일 것만 같았던 농협이라는 곳에 대해서 새롭게 알 수 있는 계기가 되었고 농협만의 독특한 문화에 대해서도 배울 수 있는 좋은 기회였다. 농협스러운 임직원들의 인간미(人間味) 넘치는 정(情)을 느낄 수 있어서 즐겁게 지낼 수 있었다.

2019년 6월 19일 오전 11시, 농협생명 12층 강당에서 나의 퇴임식(退任式)이 열렸다. 2년 근무하고 1년이 연장되었지만, 임기를 다 채우지 못하고 3개월 만에 코리안리로 옮기게 되었는데, 회사에서 퇴임식을

열어준다고 하기에 처음엔 사양(辭讓)했다. 대표이사(代表理事)도 아닌데 혼자서 퇴임식을 한다는 게 왠지 쑥스러울 것 같고, 임기를 마치지 못하고 중도에 떠나게 된데 대한 미안함 때문이었다.

그러나, 포근한 우리 농촌처럼 순박(淳朴)함과 정(情)을 중시하는 농협문화 덕분에 나의 의지와 상관없이 회사의 결정에 따라 퇴임식이 열리게 됐다. 회사 강당에서 열린 퇴임식엔 100여 명의 임직원들이 참석했고, 아내와 두 딸, 그리고 사위까지 참석해 나랑 같이 맨 앞자리에 앉았다. 생각지도 않았는데 농협중앙회 H감사위원장과 농협은행 L감사, 농협금융지주 K감사부장, 중앙본부 W노조위원장까지 참석하여 축하(祝賀)해 주셨다.

특별히 애들 앞에서 성대한 퇴임식을 가짐으로써 '아빠가 그동안 헛되이 살지 않았구나' 하는 자부심(自負心)을 갖기에 충분한 의미 있는 시간이었다. 퇴임식 후 감사실 직원들이 마련해 준 곳에서 가족들과 함께 식사를 하게 되었는데, 아내와 애들도 모두 흡족(洽足)해 하였다. 짧은 기간이었지만 농협생명 임직원들이 보내준 성원과 사랑에 다시 한번 머리 숙여 감사드린다.

이직(移職)

2019년 3월 31일 NH농협생명에서 2년 임기가 만료된 후, 1년이 연장되었다. 임기 연장이 되는 순간, '1년 후에는 어디로 가야 할까?'라는 생각을 하게 되었다. 그렇다고 누가 챙겨주는 것도 아니기 때문에 내가 스스로 알아서 해야 한다. 그래서 농협생명의 임기가 연장되기 전부터 임기가 연장되더라도 임기가 끝날 때까지 기다릴 일이 아니고 임기 중에라도 자리가 있으면 옮겨야 겠다는 생각을 하게 되었다. 그러던 중 코리안리재보험의 감사 임기가 6월 중에 만료된다는 사실을 알게 되었고, 1차로 거기에 도전(挑戰)해 보기로 마음먹었다.

최근 상장회사 특히 금융회사의 경우 사외이사들로 구성된 감사위원회를 운영하는 경우가 많은데, 코리안리 역시 과거의 상근감사위원 자리를 없애고 사외이사들로 구성된 감사위원회를 운영하면서 집행임원인 내부감사책임자(감사)를 두고 있다. 금감원에서 금융회사의 감사 선임에 일절 관여하지 않기 때문에 오히려 금융회사가 원하는 사람을 선택하는 구조라서 내가 가고 싶다고 되는 일도 아니었다.

특히나 코리안리 감사 자리는 보험업계에서는 꽤 괜찮은 자리로 알려져 있어서 금감원 임원 및 국장 출신 여러 명이 지원(志願)했다는 소문이 들렸다. 가끔은 금감원뿐만 아니라 힘 있는 외부 기관출신들도 여러 경로를 통해 지원을 한다.

이번에도 경쟁이 치열한 것 같아서 나도 큰 기대를 할 수가 없었다. 그런데, 평소 사람과의 인연(因緣)을 소중히 하고 금감원에 있으면서도 일은 엄격(嚴格)히 하되 업계 직원들에게는 친절(親切)하려고 했던 나의 노력이 헛되지 않았던지 나는 코리안리의 선택(選擇)을 받게 되었다.

내가 금감원에서 자동차보험, 재보험, 보증보험을 담당하는 특수보험팀장을 할 때 현재의 코리안리 W사장님께서 차장, 부장으로 금감원에 출입하셨는데 그때 알게 된 인연(因緣)이 내가 코리안리의 선택을 받는데 도움이 됐던 것 같다.

대주주 집안이면서도 전혀 그런 내색 없이 소탈하셨던 W사장님에 대한 좋은 기억이 내게 남아 있었듯이 사장님께서도 나에 대한 기억이 나쁘지 않으셨던 것 같다. 그리하여 2019년 6월 21일부터 코리안리재보험에서 내부감사책임자로 근무하고 있다.

특별히 애들 앞에서 성대한 퇴임식을 가짐으로써
'아빠가 그동안 헛되이 살지 않았구나' 하는
자부심(自負心)을 갖기에
충분한 의미 있는 시간이었다.

Part Ⅳ

시련(試鍊)

못다 핀 꽃·신장염(腎臟炎)

스트레스·인생무상(人生無常)

아내의 경고(警告)·천만다행(千萬多幸)

안녕 작은 형(兄)·가족력(家族歷)

주향천리(酒香千里)

못다 핀 꽃

　결혼식을 올리고도 아내의 직장(職場) 때문에 떨어져 살아야 했던 우리는 주말(週末)이면 아내가 서울 집으로 오는 일이 잦았는데, 그 당시는 토요일 오전까지 근무하던 시절이라 오후에 열차나 고속버스를 타면 거의 5시간 이상이 걸렸기 때문에 육체적으로 힘들어 했다.
　아내가 목포 처가(妻家)에 있었기에 나도 가끔 내려가긴 했지만 서로에게 쉽지 않은 일이었다. 그렇게 3개월이 지난 어느 날 아내가 임신(姙娠)을 했다는 소식을 전해와 '은행을 그만 두라'고 했다. 요즘 같았으면 아내의 직장을 서울로 옮길 생각을 했겠지만 그때는 여자가 결혼해서 은행에 계속 다니는 게 조금은 눈치 보이는 시절이었고, 더욱이 임신을 했다고 하니 나도 신경 쓰이고 아내도 힘들어하는 것 같아서 그만 두라고 한 것이다.

아무 대책(對策)도 없이 혼자서 벌어서 언제 셋방살이를 면해야 할지 모르는 처지에 어디서 그런 용기(勇氣)가 났는지 모르겠지만 나중에 외벌이로 힘들게 살면서 그때 그만두라고 한 것을 후회(後悔)한 적이 여러 번 있었다. 여느 여자 같았으면 내가 그만두라고 했어도 자기가 은행을 다니겠다고 했을 법도 한데, 그동안의 은행생활이 힘들었던지 아내도 기다렸다는 듯이 바로 사표(辭表)를 내고 서울로 올라와서 그제서야 비로소 둘이 함께 사는 진정한 결혼생활이 시작되었다.

아내는 서울생활이 처음이기도 하지만 원래 친구도 별로 없어서 집에서 내가 퇴근하기만을 기다렸다. 하지만 나는 사람을 좋아하고 주변 사람과 저녁 약속이 많아서 아내 혼자 점심, 저녁을 해결해야 하는 날이 많았다.

어느 날 술을 먹고 늦게 들어왔는데 아내가 잠들어 있어서 나도 씻고 잠자리에 들었다. 아침에 일어나 보니 항시 먼저 일어나 아침을 챙겨주던 아내가 부엌에 없었다. 식사 준비도 되어 있지 않았다. 옆방에 가보니 아내가 거기서 아직 자고 있었는데 담근 포도주 항아리 옆에는 빈 국그릇이 놓여 있었다.

아내를 깨우자 그제서야 머리가 아프다며 찡그린 표정(表情)으로 일어났다. 주중에 술 먹는 날이 많고 어제도 늦게까지 안 들어오자 술을 못 먹는 아내는 '술이 그렇게 좋은지 궁금해서' 국그릇으로 담근 포도주를 조금 먹었는데 그걸 먹고 취해서 그대로 잠들었다는 것이다. 이렇게 머리 아프고 맛도 없는 술을 거의 매일 먹고 다니는 내가 존경(?)스럽기까지 하다고 했다.

아내는 산모(産母)검진을 위해 서울역 앞에 있는 M산부인과를 다녔다. 그 당시 성인용 주간지 S에 산부인과 상담 코너가 있었는데 거기에 나온 여의사 M이 자신의 이름을 걸고 하는 산부인과(産婦人科) 전문병원이 거기 있어서 동네 산부인과를 마다하고 지하철을 갈아타면서까지 거기를 다녔다.

병원에 다녀오면 결과를 내게 알려주며 아기가 잘 자라고 있다고 좋아했다. 출산 예정일이 다 되어 M병원에 다녀 온 아내로부터, 배속에 태아는 이상 없는데 초산(初産)이라 출산이 조금 늦어질 수 있으니 기다리라고 했다는 의사의 말을 전해 듣고 초조(焦燥)하게 아내의 상태를 체크하며 기다렸다.

병원 다녀온 사흘째 되던 날 새벽 6시경 아내가 양수(羊水)가 터진 것 같다고 해서 미리 싸놓은 준비물을 챙겨 아내와 함께 택시를 타고 M병원으로 갔다. 입원 수속을 밟고 병실에 갔는데 하얀 가운을 입은 조산사(助産師)가 와서 아내의 상태를 보고는 촉진제(促進劑)를 맞고 기다리라고 하였다. 그때가 아침 7시경이었는데 수액(輸液)을 맞고 계속 기다리다가 점심을 먹으면서 아내가 배가 아프다고 해서 내가 간호사한테 연락을 했다.

그제야 원장 M이 와서 아내를 진찰(診察)해 보더니 '왜 이렇게 놔뒀느냐'며 간호사들에게 질책(叱責)을 하면서 빨리 수술실로 옮기라고 하고는 내게 '배속에서 애 탯줄이 끊어진 것 같아서 빨리 수술하지 않으면 산모도 위험하다'고 수술동의서(手術同意書)를 내밀었다. 나도 순간적으로 위급(危急)한 상황임을 직감하고 동의서에 날인을 해 주자 바로 제왕절개(帝王切開) 수술이 시작되었다.

초조하게 수술실 앞에서 대기하고 있는데, 1시 반쯤 시작된 수술은 생각보다 길어졌고, 2시간이나 지나서 수술실에서 나온 M이 내게 한 말은 "애는 안됐습니다"였다. 나는 애도 애지만 수술 전에 아내도 위험(危險)하다고 겁을 줬었기에 아직 마취에서 덜 깬 상태로 침대에 누워있는 아내를 병원 직원들이 병실로 옮기는 데 따라갔다. 우리의 의지와 상관없이 아내는 특실(特室)로 옮겨졌고 수술하면서 피를 많이 흘렸다면서 수혈(輸血)을 받고 있었다.

잠시 후 간호과장으로부터 연락이 와서 내려갔다. 30대 후반의 간호과장은 나를 보자 "안타깝게 됐습니다"고 위로(慰勞)해 주고는 '애를 가지고 가겠냐?'고 물었다. '애가 죽었지만 10개월이 다 되었기 때문에 출생신고를 하고 사망신고를 하는 분들도 있고, 가지고 가서 좋은 곳에 매장하는 분들도 있다'고 했다. 그렇지 않고 내가 원하면 자기들이 외부에 연락해서 돈을 주고 처리한다는 것이었다. 나는 알아서 처리해 달라고 얘기하고 병실로 올라갔더니 그제서야 아내가 깨어난 것 같았는데 전신(全身) 마취를 하고 대수술(大手術)을 받아서인지 몹시 힘겨워 했다. 수술 전에 심상치 않다는 사실을 들었기 때문에 애는 어떻게 됐느냐고 묻는데 차마 대답할 수가 없었고 같이 눈물을 흘리면서 괜찮다고 위로해 주었다.

사실 나도 황당(荒唐)했지만 열 달 동안 뱃속에서 애지중지(愛之重之) 키워서 다 자란 애를 병원에 와서 잃었다고 생각하면 그때의 아내의 슬픔은 형언(形言)할 수 없었을 것이다. 그렇게 병실에서 아내 곁을 지키고 있는데 1시간쯤 지나서 다시 그 간호과장이 보자고 했다. 그리고는 나한테 애를 보라는 것이었다. '아니 죽은 애를 왜 보느냐, 그냥 처리해 달라'고 했더니, 내가 꼭 봐야 한다면서 보지 않으면 처리해 줄 수 없다고 했다. 뭔가 느낌이 왔다. 나중에 문제 생길 것 같아서 그런 것 같았다. 그렇다고 죽은 애를 내가 가지고 가서 처리할 수는 없는 노릇이어서 옆방에 가서 이마에 하얀 붕대를 두르고 조그만 침대에 눈을 감고 누워 있는 내 아들을 보았다.

그 애를 보자 참았던 눈물이 쏟아졌다. 첫 애이고 다 커서 그런지 얼굴 윤곽이 뚜렷하고 미남형으로 잘 생겼었다. '가엾은 내 새끼, 지켜주지 못해 미안하구나'. 차라리 보지를 말 것을, 오랫동안 그 애 모습이 내 머릿속에 남아서 나를 많이 아프게 했다.

아내는 차츰 안정(安定)을 찾아갔지만, 애를 낳으러 병원에 왔다가 도

대체 뭘 잘못해서 애를 잃었을까 생각하면 할수록 더 억울한 생각만 들었다. 아내도 말은 못하고 속으로 삭히는지 간간히 눈물만 흘렸다. 가끔 M이 회진하면서도 자세한 얘기도 없이 '안됐습니다'는 얘기만 했고 아내가 특별한 이상이 없자 더 이상 병실에 들르지도 않았다.

일주일째 되는 날 아내가 회복(回復)되어 퇴원해도 될 것 같다고 간호사들이 얘기했다. 퇴원 절차를 밟기 위해 원무과에 가서 병원비를 알아보니 계산이 안 되어 있었고 직원은 원장님께 물어보라고 했다. 어차피 M을 만나봐야겠기에 원장실로 찾아갔다. '우리가 애를 낳으러 왔다가 애를 잃고 가는데 도대체 우리가 무엇을 잘못해서 이렇게 됐는지' 따져 물었다. M원장은 역시 '안됐습니다', '안타깝습니다'만 했다. '그러면 아내가 앞으로 애를 더 낳을 수 있다는 것만 원장님께서 보장(保障)해 달라'고 했더니, 정색을 하고는 "내가 왜 그것을 보장을 합니까?" 하는 것이었다.

어찌 됐건 우리에게 중요한 것은 앞으로 아내가 애를 낳을 수 있느냐는 것이었고, 보장(保障)을 한다고 한들 그 병원을 다시 가고 싶지 않았지만 그것마저 보장할 수 없다니 그럼 애를 못 낳을 수도 있겠다는 생각에 정말 앞이 캄캄했다. 더 이상 얘기하는 것은 무의미하다는 생각에 퇴원할 테니 병원비나 정산(精算)해 달라고 했다. 그러자 원장은 "그것은 제가 알아서 하겠습니다"고 했다. 원장도 최소한의 양심은 있었던지 병원비를 계산해 놓지 않아서 결국은 주지 못하고 병원 구급차를 타고 집으로 퇴원해야 했다.

텅 빈 집으로 1주일 만에 돌아온 아내는 그제야 슬픔이 몰려오는지 다시 오열(嗚咽)했다. 양수가 터져 병원에 갔을 때 바로 수술을 했으면 좋았는데, 의사도 아닌 조산사의 판단으로 촉진제 맞고 기다리다가 뱃속에서 애 탯줄이 끊어졌으니, 이건 누가 봐도 의료과실(醫療過失)이고 주변에서도 병원을 상대로 소송(訴訟)을 하라고 했다.

그때 내가 업무상 알게 된 B병원의 P박사님께서 내 얘기를 듣고는 "정선생! 내가 의사인데 나도 그런 일을 당한 적이 있습니다. 소송을 해서 의료과실을 입증하기가 쉽지 않습니다. 소송한다고 죽은 애가 다시 돌아오는 것도 아니지 않습니까? 아직 젊으니 억울하지만 그냥 잊고 아내한테 잘 해주세요. 애는 다시 가지면 됩니다."라고 충고(忠告)해 주셨다.

사실 억울해서 나도 소송을 생각했지만, 막상하려니까 간단(簡單)하지 않았다. 병원은 이미 그에 대한 대비를 했을 것인데, 나 혼자 의료과실을 입증할 방법도 없고 회사 다니면서 그 소송을 감당할 엄두도 나지 않았다.

더욱이 소송을 하면 아내가 법정에서 다시 그 아픈 일들을 진술해야 할 것이고 그렇다고 죽은 애가 살아 돌아 올 리도 없었다. 그리고 그 병원에서 매년 1~2명씩 그렇게 원인 모를 사고로 신생아(新生兒)가 죽어간다는 얘기도 전해 들었다.

결국 고민 끝에 B박사님의 말씀을 따르기로 했다. '우리애가 되지 않

을 운명이니 그리 갔겠지, 더 키워 사고를 당해서 자식을 잃은 부모들도 많은데 거기에 비하면 더 낫다'고 스스로를 위안(慰安)하면서 살아가기로 했다.

다행히 그 후 제왕절개 수술로 두 딸을 낳았고 애들이 건강하게 잘 컸으니 그때 소송을 하지 않고 포기(抛棄)하기를 잘 했다고 생각한다. 그때 소송을 했으면 몇 푼의 돈을 받을 수도 있었겠지만 그 돈으로 내가 재벌(財閥)이야 되었겠는가?

신장염(腎臟炎)

다행히 첫 애를 실패한 후 1년이 채 지나지 않아 다시 아이가 생겼고 올림픽이 열리던 1988년 2월 초에 큰 딸 은지가 태어났다. 한 번의 실패를 겪은 터라 그 기쁨은 배(倍)가 되었고 가정은 평온(平穩)을 찾아가고 있었다.

은지가 돌이 될 무렵인 1989년 1월 하순, 회사에서 숙직(宿直)을 하고 아침에 일어나 거울을 보다가 얼굴이 좀 부어 있는 것을 발견(發見)했다. 오후 되면 조금 빠지는 것 같은데, 이튿날도 아침에 얼굴이 조금 부었다.

동료(同僚)들도 얼굴이 부었다며 병원에 가보라고 했다. 특별히 아픈 데는 없었지만, 몸도 좀 피곤한 것 같아서 점심식사 후 회사에서 가까운 G병원에 갔다. 외래진료 의사 P선생님의 지시로 피검사, 소변검사를 하고 다음 날 결과를 보러 갔는데, 신장(腎臟)이 안 좋다며 당장 입원하라고 했다. 병명은 '사구체신염(絲球體腎炎)'. 신장에 염증(炎症)이 있어 노폐물을 제대로 걸러주지 못하고, 소변(小便)으로 제대로 배출되지 못하니 몸이 붓고 소변에 거품도 많이 생긴다고 했다.

그때가 설 명절 전(前)이어서 설이 지나고 입원했다. 병원 침대에 누워있는데 수액(輸液)도 주지 않고 여러 검사를 하더니, 작은 알약을 주면서 약을 먹고 나오는 소변량을 체크하라고 했다. 그 약을 먹자 하얀색의 소변이 한번에 300~400ml씩 나왔고, 소변 횟수도 잦아서 하루에 몸무게가 3kg 가량 빠졌다.

나중에 안 사실이지만 그 약은 여자들 살 빼는데 사용하는 이뇨제(利尿劑)였다. 4일이 지나자 10kg 이상 빠져서 몸이 가볍고 붓기도 없어졌다. 붓기가 빠지니 기분도 상쾌하고 좋아서 입원 5일 만에 퇴원했다. 그리고, 아무 일 없었다는 듯이 회사에 출근했다.

그런데, 출근하고 3일이 지나자 또다시 조금씩 붓기 시작하더니 다시 입원하기 전 상태로 돌아가고 말았다. 근본 치료를 한 게 아니고 이뇨제로 부기만 뺀 결과 요요(yoyo)현상처럼 다시 원래의 상태가 된 것이다. 다시 G병원에 입원했는데, P선생님은, '퇴원하고 집에서 좀 쉬지 바로 출근했느냐'며 나한테 화살을 돌렸다. 그렇게 또 며칠 입원치료 후에 약을 챙겨 퇴원했다.

이번에는 며칠 요양(療養)할 생각으로 회사에 가지 않고 집에서 쉬었다. 그때 내 처지를 들은 지인(知人)이 전화를 해서 전주(全州)에 아주 용한 한약방(韓藥房)이 있다며 한번 내려오라고 했다. 버스를 타고 내려가 화교(華僑)로서 그 당시 잘 나가던 여가수(女歌手)의 작은 아버지가 운영한다는 한약방에서 진맥(診脈)을 하고 한약(韓藥)을 지어왔다. 그리고는 한약을 열심히 먹었는데, 그게 화근(禍根)이었다. 나아지기는커녕 다시 붓는 것이었고, 회사도 가지 못하고 G병원에 3번째 입원을 해야 했다.

P선생님은 '신장이 기능을 못해서 걸러주지 못하는데 농도가 진(津)한 한약을 먹어서 신장을 더 망가뜨려 악화(惡化)시켰다며, 결국은 신장이식(腎臟移植)밖에는 달리 방법이 없는데 요즘은 맞는 신장 구하기가 하늘의 별따기'라며 말을 흐렸다. 그 말을 들으니 앞이 캄캄했다. 설령 맞는 신장을 구한다고 해도 내가 수술비용 2천만 원을 감당(堪當)할 수 있는 형편도 아니어서 이식수술은 생각할 수 없었다. 또 며칠간 치료를 받고는 더 이상 손을 쓸 수 없다고 해서 퇴원했다.

집에 돌아오자, 부모님을 일찍 여의고, 첫 애를 병원에서 잃고, 혼자서 힘겹게 살아가는 내게 왜 이런 시련(試鍊)이 계속되는지 서러움에 눈물만 나왔다. 하지만, 처자식(妻子息)이 있는 가장(家長)으로서 모든 문제를 혼자 해결해야 하는 처지라, 마지막 지푸라기라도 잡는 심정으로 수소문 끝에 국내 최고 권위의 S대학병원 신장전문의 K교수님의 외래진료를 받게 되었다.

그간의 사정을 들으신 교수님께서는 신장 조직검사(組織檢査)를 한번 해보자며 입원(入院)하라고 했다. 그러나 원무과에서는 입원실이 없다며 한 달 이상 기다리라고 했다. 휴직중인 나는 하루가 급한데 한 달 이상 기다리라니 난감했다. 그때 내 사정을 전해 들은 회사 K과장께서 친구가 그 병원에 있다며 가보자고 했다. K과장님은 직접 차를 운전하고 나와 같이 병원으로 가서 원무과에 근무하는 친구분한테 나의 딱한 사정을 얘기하고 도와달라고 했다. 그리고, 집에서 기다린지 3일 만에 2인실에 입원할 수 있었다.

신장이 안 좋은 관계로 S대병원에서도 아무 주사(注射)도 주지 않고 끼니에 식사만 주었다. 그런데 식사가 G병원과 달랐다. G병원에서는 일반 환자식(患者食)을 그대로 줬지만, S대병원에서는 짠 음식이 신장에 안 좋다며 무염식(無鹽食)을 주었다. 밥과 간장, 된장, 고추장을 넣지 않은 멀건 미역국, 계란말이, 백김치, 무채가 반찬이었다.
처음엔 맛이 없어 계란말이 밖에 먹을 수가 없었지만, 으레 주는 수액(輸液)조차 주지 않으니 배가 고파서 싱거운 국과 반찬(飯饌)을 먹을 수밖에 없었다. 입원 이튿날 신장 조직검사를 받았다. 침대에 엎드린 채 등 뒤로 큰 주사바늘을 넣어 신장 조직을 떼어 냈는데, 만약 피가 멎지 않으면 개복(開腹)을 해야 한다고 해서 엎드린 채로 뜨거운 돌을 누르고 한참을 있어야 했다.
신장이 나빠진 원인이 무엇인지 의사나 간호사에게 물으면, 특별한 원인이 있는 게 아니고 감기에 잘 걸리거나 면역력(免疫力)이 떨어지면 신장기능이 약해지는데, 미련하게도 웬만큼 망가져서는 별다른 증상(症狀)이 없기 때문에 알지 못하다가 기능을 못할 정도로 나빠져야 알게 된다는 것이다.

한번 나빠진 신장은 다시 원상태로 회복하기는 어렵고, 이식(利殖)을 하든지 더 이상 나빠지지 않도록 하는 것이 최상의 치료라고 했다. 우리 몸의 장기(臟器)중에서 위(胃)나 간(肝)은 일부를 절제해도 시간이 지나면 재생(再生)이 되는데, 뇌(腦)와 신장(腎臟)은 재생이 안 된다는 사실도 그때 알게 되었다.

그간 내가 살아온 과정을 뒤돌아보니, 고등학교 2학년 때 어머니를 여의고 혼자서 알바하면서 대학을 마치고 결혼할 때까지 앞만 보면서 달려와 신장에 무리가 생겼을 거라는 생각이 들었다. 초조하게 조직검사 결과를 기다리는데 이틀 뒤 나온 검사 결과, '약물치료가 가능하다'고 담당 레지던트(resident)가 알려주었다.

다음 날 회진 때 K교수님이 '애가 몇이냐'고 물으시더니 '하나'라고 하자, '이 약이 독(毒)해서 먹으면 애를 더 이상 못 가질 수도 있는데 괜찮겠냐'고 하셨다. 나는 건강이 우선(于先)이었으므로 '괜찮다'고 하자, '병원에 있을 필요가 없으니 집에 가서 약 먹고 1주일 후에 오라'고 하여, 몸이 많이 부은 상태로 약을 받아 퇴원(退院)했다.

처음에는 병원에서 처방해 준 약을 한 번에 15알씩 하루 세 차례 먹었다. 그리고, 1~2주일 간격으로 병원에 갈 때마다 한 알씩 줄여 주었고, 처방대로 약을 계속 복용(服用)하자 부기도 서서히 빠지고 몸 상태도 좋아지기 시작했다.

그렇게 6개월간의 입원 및 통원치료로 더 이상 약을 먹지 않게 되어 회사에 복직(復職)할 수 있었다. 그러자 회사 직원들이 십시일반(十匙一飯) 모금(募金)한 돈을 내게 주었다. 혼자서 가족의 생계(生計)를 책임져야 했던 나로서는 고맙고 미안한 마음에 눈시울이 붉어졌지만, 동료(同僚)들의 도움이 큰 힘이 되어 다시 열심히 살아갈 수 있었다.

그 후로도 25년 동안 6~12개월마다 S대병원에 다니며 체크했는데, 2014년 12월, K교수님이 '이제 곧 정년(停年)'이라면서 더는 병원에 오지 않아도 된다'고 하셨다. 나는 감사의 인사와 함께 작지만 마음의 선물을 드렸다. 물심양면(物心兩面)으로 도와준 동료(同僚)들과 K교수님에 대한 감사(感謝)한 마음을 가슴 깊이 새기고 산다. 그리고, 조금이나마 보답(報答)하고자 보감동우회(保監同友會) 사무국장(事務局長)을 맡아 동료들의 애경사(哀慶事) 등을 챙기고 있다.

스트레스

 2011년 12월 초 세종연구소에서 연수를 마치고 금감원에 복귀하였으나 정기 인사 때까지 통의동 금감원 연수원에 있는 인력개발실 소속으로 지내야 했다. 해가 바뀌고 2012년 1월 중순, 광화문에서 보감원 및 금감원에서 같이 근무했던 퇴직 선배들과 저녁 모임이 있었다. 내가 입사할 때부터 이끌어주시고 성원해 주시던 선배들로 광주 지원장으로 가기 전에도 7~8명이 가끔 식사를 했었다. 지원장 마치고 세종연구소 연수를 다녀왔기에 2년여 만에 뵙는 자리여서 더욱 반가웠다.

 그런데 본래 건강하시고 체격이 좋았던 W형이 살이 많이 빠져서 기운이 없어 보였다. 나보다 열 살 많은 형은 결혼이 늦어 애들이 어린데, 큰 애가 우리 해정이와 동갑이다. "살이 많이 빠진 것 같은데 건강은 괜찮으세요?"하고 묻자, "응 괜찮아, 운동해서 살을 좀 뺐고, 재수(再修)하는 큰 애를 위해 새벽기도 다녔더니 그런다"고 하셨다.

그러면서 다른 선배들이 소주를 주문하자, 혼자서 청하를 시키셨다. 원래 소주를 잘 드시는 애주가셨는데 갑자기 청하라니 의아해서, "왜 청하를 드세요?"하고 물었더니 "소주가 쓰다"고 하셨다. 같이 계속 보아온 선배들은 심각하게 생각하지 않은 것 같았지만, 오랜만에 본 내 입장에서는 형의 건강이 안 좋아 보였다. 금감원을 퇴직하고 3년 동안 건강검진도 따로 안했다고 했다. 나는 건강검진을 빨리 해 보시라고 강권했다.

그리고 일주일 후 외국계 A보험사 감사로 있는 K선배와 W형과 셋이서 점심을 먹게 됐다. K선배도 W형을 보자마자 건강 염려를 하며 병원에 가 보라고 했고, W형은 며칠 후 병원 검진 예약이 되어 있다고 했다. 보감원에서 셋이 같은 부서에 근무한 인연으로 이런 저런 얘기 끝에 K선배가 A보험사 감사로 연임된 것에 대해서 축하를 해줬다.

그런데 K선배는 영어 때문에 굉장히 스트레스를 받는다고 했다. K대 출신으로 영어를 잘 해서 금감원 런던사무소장까지 했고, 평소 술도 잘 안 드시고 꼼꼼하게 업무를 처리하는 K선배가 영어 때문에 스트레스를 받는다고 해서 조금 의아했다.

매년 독일에 있는 A그룹 본사에서 계열사 감사들 워크숍(workshop)이 있는데 참석자들이 원어민들이나 알아들을 정도로 빠르게 영어로 회의를 하는 바람에 신경이 엄청 쓰인다고 했다. 6월에 또 워크숍이 있는데 벌써부터 스트레스를 받는다고 토로했다. 그 말을 들으니 '정도의 차이일 뿐, 다들 고민 없는 사람이 없구나'라는 생각이 들었다.

그렇게 점심 자리를 같이 하고 1개월이 지나서 W형이 췌장암 진단을 받았다는 소식이 들렸다. 그리고는 6개월도 채 버티지 못하고 형은 세상을 떠나고 말았다. 알아보니 소주를 즐기던 형이 나 만나기 6개월 전부터 소주가 쓰다며 청하를 찾았다고 한다. 아마 그때부터 건강에 이상 신호가 왔는데 그냥 무시한 것이 아닌가 싶어 안타까웠다.
그런데, 그해 K선배도 똑같이 췌장암 진단을 받고 얼마 못 살고 유명을 달리하고 말았다. 공교롭게 같이 점심 식사를 한 지 1년도 안 되었는데 두 선배의 갑작스런 죽음으로 난 한동안 혼란스러웠다.

두 선배의 죽음을 생각하니 스트레스가 우리 몸에 정말 안 좋다는 생각이 들었다. W형은 본인이 퇴직한 상태에서 큰 애가 재수한다고 나름 스트레스를 받았을 것이고, K선배는 영어를 원어민처럼 잘 하려고 하는 스트레스를 받고 있었으니 그게 두 분이 췌장암 진단을 받고 사망한 것과 상당부분 연관이 있을 것 같다. 스트레스 없이 살 수는 없겠지만 가능한 즐겁게 살아야겠다.

인생무상(人生無常)

　어렸을 때 시골에서 같이 자란 초·중·고등학고 동창 중에 여러 가지 사유로 유명을 달리 한 친구들이 상당히 있다. 그 중에서도 대학교 때 교통사고로 사망한 M과 혼자 자취하다가 원인 모르게 요절한 K, 기관지 천식이 심해져서 지병으로 사망한 L은 중·고등학교 때 공부도 잘했고 나와도 친하게 지냈으나 대학 졸업도 하기 전에 생을 마감하였으니 안타까운 친구들이다.

　대학 친구 중에서, S는 나랑 같은 동아리 활동을 했고 법대 학생회장을 한 절친이었다. 졸업 후 D손해보험회사에 들어가서 서울 본사와 광주 보상센터에 근무하면서 열심히 한 덕분에 남들보다 일찍 부장 진급도 했다. 내가 신장이 안 좋아 병원 치료를 받을 때 누구보다 진심으로 걱정해 주던 S가 1999년 자기도 신장이 안 좋다고 했다. 그 무렵 S의 형이 의사고, 누나가 J대학병원 수간호사(首看護師)였는데, 결국 두 분의 결단으로 S는 신장이식수술을 받았다. 그리고는 회사를 그만두고 보험 대리점을 하면서 건강을 잘 유지하는 것 같았다. 그렇게 5년, 10년이 지나면서 우리 모임에도 다시 나와 소주도 한 잔 같이 하면서 건강을 되찾은 것 같아 다행이라고 생각했다.

2014년 5월 20일, 격월로 만나는 동아리 월례회가 여의도의 오리집에서 있었다. 그날도 13~4명이 모였고 마침 S가 내 옆에 앉아서 같이 오리훈제랑, 전골을 먹었는데 별 다른 이상을 못 느꼈다.
  단지, 평소와 달리 그 날은 내키지 않는지 소주잔을 들다 말고 거의 먹지를 않았다. 나도 술을 조금만 먹고 둘이 안주와 볶음밥만 먹었다. 그렇게 1차가 끝나고 으레 2차로 호프 한잔을 하러 가는 분위기에 나와 S는 그냥 집에 가겠다고 인사하고 자리를 떴다.
  둘이 여의도역으로 같이 걸어갔는데, 집이 일산인 S는 5호선 방화행 열차를 타야 해서 나와는 반대 방향이었다. 9시 30분경 잘 가라고 인사하고 지하 1층에서 헤어졌다.
  그런데, 이튿날 11시경 S의 고등학교 후배이자 같은 회사 근무하는 H로부터 'S가 오전에 죽었다'는 메시지가 왔다. 난 처음엔 잘못 보낸 것이겠지 생각하고, 나도 잘 아는 H한테 전화를 했더니 정말로 죽었다는 것이다. 어제 밤에 잘 가라고 헤어졌는데 갑자기 사망이라니 믿기지도 않았고 황망하기 그지없었다. 그날 저녁 장례식장에 가서야 정확한 사고 경위를 알 수 있었다.

S는 10여일 전에 가슴 통증이 와서 병원에 갔더니 의사가 심장이 안 좋아서 그런 거라며 다시 그 증상이 나타나면 즉시 병원으로 오라고 했다고 한다.

사고 당일 이른 아침, 평소처럼 일산 호수공원에 운동을 한다며 나갔는데 7시경이면 들어오던 S가 들어오지 않았고 전화기를 집에 두고 가서 연락이 안 되었다고 한다. 잠시 후 딸이 평소 S가 운동하는 호수공원 주변을 따라 가봤는데 보이지 않아서, 주변 사람들에게 물으니 조금 전 구급차가 와서 누군가를 실어 갔다고 해서 가까운 B병원에 갔더니 이미 S는 사망한 상태였다고 한다.

주변 사람과 의료진의 말을 종합하면 5월이지만 새벽이라 호수가 주변은 아직은 찬 기운이 있는데, 심장이 안 좋은 S가 운동한다고 뛰다가 심장마비가 와서 쓰러졌었던 것 같다.

근처를 지나는 사람이 없어서 빨리 발견하지 못하다가 마침 아침 운동하던 의사분이 뒤늦게 지나다가 쓰러진 S를 발견하고 주변에 119 신고를 부탁한 후 구급차가 올 때까지 심폐소생술을 시행했고, 구급차에 실려 가면서도 계속했으나 결국 깨어나지 못했다는 것이다.

정말로 안타까운 일이었다. 그런데, 놀랍게도 S는 이런 사태를 예견했는지 책상 안에 은행 통장 비밀번호와 금융자산 내역 등이 정리되어 있었다고 S의 아내가 얘기해 줬다. 그렇게 허망하게 절친 S와 이별을 해야 했다.

H 역시 S랑 같은 동아리 동기로 체격이 좋고 성격도 호탕한 친구였다. 대학교 때 체중 과다로 군대를 면제 받을 거라고 기대했으나 결국 군대를 가게되었고, 큰 몸집으로 인하여 군대서도 고생을 많이 했다고 들었다. 전산과를 졸업한 H는 2000년 벤처 붐이 불 때 IT벤처기업을 설립하여 한 때 유망 벤처기업인으로 잘 나갔다. 열심히 공부하여 박사 학위도 취득하고 애들도 넷이나 낳았다.

그러다 닷컴 버블이 꺼지면서 사업을 접고 다시 컨설팅회사를 차려 재기를 도모하고 있었다. 그러던 중, 2014년 1월 동아리 모임에 그 동안 사업 때문에 바쁘다며 잘 참석하지 않았던 H가 오랜만에 참석했다. 그런데 체중이 많이 빠진 것 같았다. H는 '체중을 줄이려고 먹는 것도 줄이고 운동을 많이 해서 그런다'고 했는데, 내 느낌엔 단순히 운동으로 살이 빠진 게 아니고 몸이 안 좋은 것 같아 보였.

그해 가을 모임에 나온 H가 췌장암 진단을 받았다며, 당장 수술할 수도 없는 상태여서 항암 치료를 한 후 경과를 보며 수술 여부를 결정하자고 했다는 의사의 말을 전했다. 그러면서 이겨낼 수 있다는 굳은 의지를 내비치며 잘 먹어야 한다면서 고기를 먹었다.

우리들의 걱정을 뒤로 한 채 정말로 씩씩하게 항암치료를 견디며 수

술까지 받았는데, 가끔 모임에 나와 담담한 표정으로 진행경과도 알려줬다. 그렇게 잘 버티며 회복해 가는가 싶더니 그도 결국 2018년 세상을 떠나고 말았다.

주변의 선배들, 친구들이 그렇게 유명을 달리하는 모습을 보면서 우리 인생의 무상(無常)함을 다시 한번 느끼게 되었다. 나도 어느 날 저렇게 갑작스레 생을 마감할 지도 모른다는 생각에 사는 날까지 열심히 후회 없이 잘 살아야겠다는 다짐을 다시 하게 된다.

아내의 경고(警告)

　2015년 11월 19일 오전 8시 15분, K대학병원 수술실 앞 대기실에 나는 큰 딸 은지와 함께 앉아 있었다. 알림판 메시지에 아내가 수술중이라는 표시가 뜬 것은 8시 50분, 우린 말이 없었지만 그저 수술이 무사히 끝나기를, 아내의 바람처럼 간단히 좌측 난소(卵巢)의 혹만 제거하고 말기를 간절(懇切)히 기원하고 있었다.
　한 달 전쯤 건강검진을 받은 아내가 정밀검사가 필요하다는 병원의 권유로 동네 산부인과에 가서 초음파검사를 한 결과 좌측 난소(卵巢)에 큰 혹이 있으니 큰 병원으로 가보라는 권유와 함께 진료의뢰서를 받아 왔다. 초조(焦燥)한 아내를 달래며 지인(知人)의 소개를 받아 난소암(卵巢癌), 자궁암(子宮癌) 전문가라는 K대병원 산부인과 S교수를 찾아가서 진료를 받은 결과 수술(手術)해야 한다는 것이었다.

MRI 결과에서도 정확한 진단이 어려워, 수술은 일단 복강경(腹腔鏡)으로 좌측 난소의 혹을 제거한 후, 응급으로 조직(組織)검사를 해서 악성(惡性)이거나 예후(豫後)가 안 좋으면 우측 난소와 자궁 전부를 들어낼 수도 있다고 했다. 그리고 2주 후쯤으로 수술날짜를 잡아 주었다.

　아내는 애를 낳기 위해 3번의 제왕절개 수술을 했기 때문에 전신마취하고 수술하는 것에 약간의 트라우마(trauma)가 있다. 특히 자궁을 들어낼 수도 있다는 의사의 말에 상당히 겁을 먹은 듯 했다.
　사실 아내가 어떤 증상이 있어서가 아니라 과거 건강검진에서 혹이 있지만 별로 크지 않아서 지켜보자고 했는데, 이번에 혹이 좀 크다고 하여 수술하기로 한 것이어서 나는 별일 없을 거라고 아내를 위로(慰勞)하며 전적으로 의사에게 맡기자고 했다.
　아내는 꼭 자궁을 들어내야 한다면 다른 병원 가서 한 번 더 알아보고 하자는 의견이었다. 그러나 어차피 조직검사를 해 봐야 하기 때문에 수술 전에는 섣불리 판단하기 어려워 일단은 수술하기로 했다.

　초조하게 기다린지 40분쯤 지나서 담당 의사가 수술실에서 나오는 것이 보이자 나는 반사적으로 일어나 의사한테 갔다. 담당의사는 나를 알아보고는 조직검사결과를 보기 위해 병리검사실로 간다고 했다. 나는 자리에 앉지도 못한 채 그쪽 통로만 보고 있었다.
　수능시험을 마치고 결과지를 받기 위해 기다리는 수험생처럼 초조(焦

燥)했다. '결과가 안 좋아 시간이 길어지는가?' 여러 가지 생각을 하면서 기다리는 10여분이 상당히 길다고 느껴질 즈음, 담당의사가 갈 때와 똑같은 무표정(無表情)한 모습으로 걸어오는 모습이 보이자 나는 빠른 걸음으로 그쪽으로 다가가 길을 막았다.

"검사결과 좌측 난소의 단순 섬유종(纖維腫)으로 보입니다. 그냥 이 상태에서 마무리해도 될 것 같습니다."라는 의사의 설명에 나는 "고맙습니다!"라고 고개 숙여 인사하고는 담당의사가 갈 수 있도록 길을 비켜주었다. 나는 큰 애의 손을 잡고 안도의 한숨을 쉬었다.

그로부터 40여분이 지나서 아내이름의 전광판에 '회복 중'이라는 표시가 들어왔고, 1시간쯤 지난 11시 20분쯤에 아내는 수술실에 들어갈 때와 같은 모습으로 침대에 누운 채로 수술실 밖으로 나왔다.

병원 직원이 병실까지 바래다 준 후 아직도 눈을 감고 누워 있는 아내의 손을 잡고 말했다. "정신 들어? 수고했어, 수술 잘 끝났어!" 아내는 아직 마취 기운이 남았고 수술로 인해 배에 통증이 있어서인지 기운 없는 모습으로 눈을 감고 고개만 끄덕였다.

잠시 후 정신을 차린 아내가 수술 어떻게 됐냐고 물었다. 나는 잘 되었고 다행히 자궁을 들어내지 않고 끝냈다는 얘기를 들려주자 그제서야 안심(安心)이 되는 모양이었다.

배꼽과 아랫배, 그리고 배 좌측에 구멍을 내고 복강경수술(腹腔鏡手術)을 한 덕에 아내는 회복이 빨라 수술 이틀 후에 퇴원했고, 10일 후 담당

의사를 만나 큰 문제없이 잘 회복되었다는 얘기를 들을 수 있었다. 원래부터 술 한 잔 먹지 못하고 평소 누구보다 건강에 신경 쓰는 아내이기에 이번 일은 좋은 교훈(敎訓)이 되었을 것이고, 앞으로 더욱 건강에 신경을 쓸 것이라 믿는다.

천만다행(千萬多幸)

2017년 10월 17일 아침, 청담동 프리마호텔에서 K대 최고경영자과정 조찬 강연이 있었다. 강연이 끝난 후, 동기들끼리 커피 한잔 하고 회사에 들어가기 위해 9시 반쯤 출발했다. 올림픽대로로 가다 한남대교를 타기 위해 우측 차선으로 들어서는데 앞 차들이 밀려있어서 기사가 서서히 속력을 줄이는 것 같았다.

그때 갑자기 뒤에서 "쾅!"하는 소리와 함께 우리 차가 앞차를 연쇄 추돌하고 말았다. 탑승한지 얼마 되지 않아서 안전벨트도 매지 않았기에 난 순간적으로 몸이 앞으로 쏠렸으나 앞 좌석 시트를 손으로 잡아 앞으로 부딪치지는 않았다.

뒷 유리가 다 깨져서 파편이 내 좌석으로 들어와 있었고 그 유리파편으로 인하여 손등에 약간의 상처가 났다. 앞 본넷트에서 연기가 조금

나는 것이 보여서 기사와 함께 빨리 차에서 내렸다. 기사는 안전벨트를 하고 있었는데 추돌 충격으로 운전대에 가슴을 부딪치는 바람에 가슴에 통증이 있다고 했다.

그런 상황에서도 운전석 에어백이 터지지 않았다. 뒤에는 우리 차를 추돌한 3.5톤 화물차량이 서 있었고 앞에는 연쇄추돌 피해차량인 SUV 차량과 그 앞에는 택시가 서 있었다.

우리 차의 뒷 범퍼가 완전히 찌그러져 트렁크까지 들어가 있었다. 앞 범퍼도 찌그러진 채 구겨져 있었고 튼튼하게 생긴 앞 SUV도 뒷부분이 찌그러져 사고 당시의 충격을 짐작케 했다.

60대쯤 보이는 화물차 운전자가 내려서 '전날 잠을 못자고 운전을 하다가 졸았다'며 미안하다고 했다. 아침 출근시간이 끝나서 올림픽대로에서는 거의 정상속도로 차들이 달리고 있었는데, 우측으로 차선을 변경하면서는 앞 차들이 밀려 서행하므로 속도를 줄여야 했음에도 미처 못한 것 같았다.

잠시 후 레카차와 경찰차가 왔는데, 경찰이 탑승객 어딨냐고 묻더니 이정도로 사고가 크게 났는데 병원에 가야되지 않냐고 하면서 구급차를 부르라고 했다. 나는 충격으로 허리가 조금 뻐근한 것 같았지만 크게 다친 것 같지 않아서 일단 회사로 가겠다고 구급차는 부를 필요 없다고 했다.

경찰이 화물차와 우리 차 운전자는 같이 경찰서로 가서 사고조사를

받아야 한다고 하자, 화물차 운전자는 지금 바쁘게 가야 하는데 꼭 사고조사를 받아야 하느냐며 매우 난감한 표정을 지었다. 화물차도 앞 범퍼가 심하게 찌그러졌지만 우선 배달을 해야 한다고 했다. 양쪽 보험회사 직원들이 금방 왔기에 내가 경찰에게 일단 보험회사하고 처리 할 테니 그냥 가도 될 것 같다고 했다.

경찰은 정말 그렇게 할 거냐고 다짐을 받더니 우리끼리 해결하겠다고 하자 그러라고 하고는 자리를 떠났다. 상대 보험회사 직원은 우리 차량은 정비공장에 수리를 맡겨야 하고 렌터카를 불러 주겠다고 했다. 잠시 후 불러준 렌터카를 타고 회사에 들어와서 사정 얘기를 하고 회사

맞은편 한방병원에 갔다. 다행히 뼈에 이상은 없으나 허리가 삔 것 같다며 상당기간 치료가 필요하다고 했다.

만약 사고 당시 우측 차선이 아니고 올림픽대로 중앙에서 정상속도로 진행 중에 뒷 차가 추돌했으면 더 큰 사고가 났을 텐데 우측 차선에서 속도를 줄이는 과정에서 난 것이 그나마 다행이었고, 우리 차가 차체가 튼튼한 제네시스 차량이어서 차 안에 탄 두 사람의 피해가 덜 했으니 그것도 다행이었다.

안전벨트를 매지 않아서 충격 순간에 조수석 뒤 TV모니터에 얼굴을 부딪칠 뻔 했는데 순간적으로 앞차의 시트를 손으로 잡아서 얼굴을 다치지 않았으니 그 또한 다행이었다. 평소 운동을 꾸준히 한 덕분에 순발력이 있었던 것 같았다.

주 1회 물리치료와 주사를 맞으며 1개월 정도 지나자 허리도 괜찮은 것 같았고, 3년 된 제네시스 차량은 수리비가 많이 나와 폐차를 하고 새 차로 바꾸었다. 사고는 크게 났지만 운 좋게도 크게 다치지 않았으니 천만다행이었고 액땜했다고 생각한다.

안녕 작은 형(兄)

    2019년 7월 28일 일요일, 이른 아침부터 나는 『장생탐진포럼(forum)』 골프회장으로서 경기도 화성(華城)의 R골프장에서 월례회(月例會) 행사 중이었다. 비 예보가 있어서 강행 여부를 고민했지만 3팀이 참석해서 아침식사 후 티오프(tee off) 즈음엔 비가 그쳐서 라운딩을 시작했다. 전반 라운딩 도중 소나기가 몇 차례 퍼 붓고 또 맑아지는 날씨가 반복되어 전반이 끝나고 그늘집에서 만난 일행이 '이왕 비를 맞았으니 라운딩을 마치자'고 했다. 막걸리 한 잔씩 먹고 후반 라운딩을 막 시작하는데, 조카한테서 전화가 왔다.

    작은 형이 구리 H병원 응급실에 있다는 것이었다. 평소 건강하셨던 형님이시라 그때 까지만 해도 그리 심각한 줄 모르고 '운동중이니 끝나고 가겠다'고 얘기하고는 전화를 끊었다. 점심 먹고 H병원에 도착하자,

오후 1시 반쯤이었는데 작은 형은 이미 별세(別世)하셨다고 조카가 전했다. 작은 형은 3일전 아침에 갑자기 식은땀이 나면서 약간의 혼수(昏睡)가 와서 구급차를 불러 구리 H병원에 갔더니 급성췌장염(急性膵臟炎)이라고 했다고 한다.

병원에 입원하여 치료를 받자 상태가 호전(好轉)되었는데, 갑자기 당일 아침 혼수(昏睡)가 다시 오더니 심정지(心停止)가 와서 심폐소생술을 시행했으나 결국 사망했다는 것이 조카의 설명이었다.

형은 3년 전 공사현장관리를 하던 중 2층에서 떨어져 허리를 크게 다쳤고 산재보험으로 동 병원에서 수술 및 입·통원치료를 받았으나 허리에 장해(障害)가 조금 남아 최근에 산재보상까지 마무리 되었다고 했었다. 정신은 멀쩡하셨고 장해가 심하지 않아 일상생활에 거의 지장이 없을 정도였다. 그런 형이 3일 만에 사망이라니, 너무나 졸지(猝地)에 당한 일이라 황망(慌忙)하여 울음조차 나오지 않았고, 연락을 받고 도착한 큰 형님께서도 믿기지 않으신 듯 더욱 황망해 하셨다.

그러나 슬픔도 잠시 당장 장례절차를 알아봐야 했다. 다행히 S전자에 다니는 형님 사위가 회사의 상조회에서 장례에 필요한 인력 및 제반 물품을 제공하고 화장 장소까지 알아봐 주기로 하여, 나는 장지(葬地)를 알아보기로 했다. 조카는 형님이 '평소에 돌아가신 할머니를 좋아하셨다며 할머니가 계시는 동두천의 Y납골당으로 모시고 싶다'고 했다.

살아계실 때 명절 때마다 나랑 같이 어머니의 납골당을 찾았었고, 몸을 다친 후에도 형님은 한 번도 빠지지 않았다. 큰 형수님이 종교적인 이유로 제사를 안 지내는 바람에 작은 형이 어머니 제사를 대신 지내고 평소에도 가끔은 혼자서 납골당에 가시기도 하는 형이었다.

10여전 전 삼 형제가 고향마을 뒷산에 묻혀 계시던 어머님 묘를 파서 화장을 한 후, 내가 지인을 통해서 Y납골당에 모셨기에 납골당엔 내가 연락을 했다.

다행히 어머님 유골을 모신 봉안단(奉安壇)과 같은 단에 자리가 하나 있다고 하여 그곳으로 정했다. 부모도 아니고 형님상이라서 주변에 알리기도 민망(憫惘)하여 가까운 지인 몇몇한테만 알렸다.

몇 년 전에 서울 구로동(九老洞)에 사시다 경기도 남양주시(南楊州市)로 이사를 하셨는데 다행히 아직 주민등록이 구로동으로 되어 있어서 서울시립화장장에서 화장을 할 수 있었다.

화장이 끝나고 유골을 수습하는 장면을 보여 주는데, 결국 한 줌의 재로 사라지는 것을 아등바등하며 사는 우리들의 모습이 새삼 우스워 보이기까지 했다. 남은 인생 즐겁고 의미 있게 살자는 다짐을 했다. 납골당에 모시면서 아직도 온기가 느껴지는 유골함(遺骨函)을 만지는데 그제야 참았던 눈물이 났다.

가난한 가정형편 때문에 제대로 배우지도 못하고 일찍이 생활전선에 뛰어들어 열심히 사셨으나 뜻대로 잘 풀리지 않아 고생만 많이 하신 형이다. 내가 회사를 휴직(休職)하고 목포에서 방위병으로 근무할 때, L음료회사에 다니던 형이 경기도 시흥에서 새로 나온 트럭을 인수하여 내려오다가 나주(羅州)에서 다리를 건너다 무단 횡단하는 할머니를 피하다가 다리 난간을 들이 받고 20m 아래 강으로 추락하는 사고를 내고 말았다.

운전하던 형이 부상을 입었지만 다행히 차량 우측 앞부분이 강바닥으로 박히면서 사고에 비해 큰 부상은 아니었다. 그런데 당일 새 차를 인수하여 오던 중이라 자동차보험이 제대로 들어 있지 않아서 다리 난간보수 비용, 차량 파손에 따른 수리비와 본인 치료비 전부를 형이 부담(負擔)해야 했다. 결국 내가 가진 가계수표를 줘서 부족한 사고처리비용을 충당(充當)했다.

그 후 성남으로 올라와 형수와 함께 조그만 식당을 운영하기도 했고, 좌석버스 기사, 건설현장 일용직까지 안 해본 것이 없을 정도로 열심히 사셨다. 그 과정에서 내가 보증(保證)을 서 주었고, 그로 인해서 나도 피해를 많이 입었지만 마음씨만은 착했던, 그래서 애증(愛憎)이 있는 형이다.

한 번도 뜻을 제대로 펴지 못하고 65세의 나이에 너무 빨리 가신 것 같아 많이 안타까웠다. 고생만 하시다가 가신 것 같아서 미안한 생각이 들었지만, 형님이 좋아하시는 어머니 모시고 저 세상에서라도 편히 쉬시라고 보내드려야 했다.

가족력(家族歷)

2020년 9월 7일, 며칠 전부터 속이 더부룩하고 소화가 안 되는 것 같았고, 비타민C나 루테인을 먹으면 목에 걸리는 느낌이었다. 자다가 일어나 물을 먹으면 물도 걸리는 것 같고 한참 후에야 내려갔다.

목이 붓고 가래도 나오고 김치 같이 매운 것을 먹으면 목이 따갑기까지 했다. 몇 년 전부터 건강검진을 하면 '만성 위염과 역류성 식도염'이 계속 있어 왔고 가끔 그러다가 좋아지기도 했기에 그러려니 했다. 이비인후과에 갔더니 목에 염증이 있고 많이 부었다며 약을 주었다.

약을 먹자 목의 붓기가 빠지고 가래는 멈춘 것 같았는데, 사흘째가 돼도 식도는 좋아지지 않고 밤에 잠을 자는데 목에서 계속 무언가가 올라오려고 하는 바람에 잠을 설쳤다. 뭔가 심상치 않은 것 같았다.

우리 집안은 소화기 계통이 안 좋은 가족력(家族歷)이 있다. 아버지가

장 출혈, 어머니는 식도협착증으로 돌아가셔서 큰 형과 나는 위가 안 좋은 편이다.

둘째 딸 해정이도 술 한 잔 못 하는데도 위가 안 좋다. 그래서 늘 조심하는 편이고 매년 건강검진시 위 내시경 검사를 한다. 올 봄 종합검진에서도 위염하고 역류성 식도염이 있는데 증상이 심하면 의사와 상의하라는 결과만 있었다.

마침, 금년이 위암과 대장암의 국가 암 검진 대상이라는 통지를 국민건강보험공단에서 받은 바 있어서, 가까운 K종합병원에 예약을 하고 다음 날 위 내시경 검사를 받으러 갔다.

검사 직전 담당 의사와 면담하는데 '결과가 나오면 바로 약을 처방하거나 치료를 할 수 있냐'고 물었더니 여기는 '예방 검진'이라 안 되고 별도로 외래로 가야 한다고 했다. 검사 결과도 2주 후에야 나온다고 했다. 같은 병원에서 검진 담당 의사와 처방 의사가 다르다니 이해가 안 되었지만 할 수 없었다.

나는 당장 아파서 검진을 하는데 비싼 돈 내고 하는 종합검진이 아니라 건강보험공단에서 하는 일반 검진이라서 2주 씩이나 걸리는 것이고, 결과 나오면 그걸 가지고 다시 외래로 담당의사를 선택해서 진료신청을 해야 하는데 유명 의사들은 외래 진료가 밀려서 우리가 원하는 시간에 진료를 받을 수도 없다.

다른 병원 외래로 갈까 생각하다가 이미 수면내시경 비용까지 지불

한 상태라서 일단 위 내시경 검사를 받았다. 마취에서 깨어나자 간호사가 아무런 설명도 없이 '조직검사를 했으니 비용을 납부하고 가라'고만 했다.

결과를 기다리는데 정말로 지루한 시간이었다. 그냥 일반으로 외래 진료 받아 검사할 걸 괜히 국가 암 검진으로 했다는 후회를 했다. K병원에 전화하여 지금 아픈 환자라는 사정 얘기를 하고 검사 결과를 빨리 좀 달라고 부탁했다.

검사결과를 집으로 보내지 말고 연락을 주면 직접 가서 찾아오겠다고까지 했다. 병원에서도 연락을 주겠다고 대답은 하였으나, 아무 소용 없었다. 결국 검사하고 2주일이 되어도 연락이 없어서 다시 전화를 했더니 결과가 나와서 집으로 보냈다고 했다.

그렇게 부탁하며 결과 나오면 알려달라고 했는데 아무 연락도 않고 집으로 보냈다니 어이가 없었다. 집으로 일반우편으로 보내면 또 언제 올지 몰라 당장 찾아가서 결과지를 받았다. 물론 그 후로도 집으로는 오지 않았다. '만성위축성위염과 미란성위염, 헬리코박터균 음성', '속쓰림, 소화불량 등의 증상이 있으면 진료를 받으라'고 되어 있었다.

암이 아니라 다행이라고 생각되었지만, 아직도 우리나라 대형병원은 환자 중심이 아니라는 생각을 지울 수가 없다. 결과지를 가지고 자주 다니던 개인 병원에 가서 '상당기간 치료가 필요하고 금주, 금연, 매운 음식, 짠 음식, 탄 음식 등 자극적인 음식을 금하라'는 소견과 함께 약을 받아 왔다. 이번 기회에 약을 먹으며 완전히 치료를 하고 앞으로는 더욱 조심하면서 살아가려고 한다.

 아직은 할 일이 많이 남아 있기에….

주향천리(酒香千里)

내가 처음 술을 먹은 것은 고등학교 2학년 여름방학 때였다. 그 전에도 농번기(農繁期)에 모내기나 보리베기 등 일손 돕기를 나가면 새참으로 막걸리가 나와서 한 잔씩 먹은 적은 있었지만 따로 술을 먹어보지는 않았다.

같은 반 짝꿍이었던 L형이 갑자기 목포의 고등학교로 전학(轉學)을 가게 되었다. 형은 중학교 2년 선배였지만 고등학교는 같이 다녔는데, 공부를 하겠다고 선생님께 얘기해서 나와 짝꿍이 됐다. 태권도를 해서 그런지 의협심이 강하고 생각보다 마음씨도 착해서 나하고는 친하게 지냈다.

어머니가 목포의 병원에 입원한 후 형의 소개로 내가 B누나 집에 들어가게 되었고, 형과 B누나는 먼 친척이기도 해서 형이 전학가게 되었다는 소식에 많이 아쉬워서 누나랑 같이 형의 집으로 갔다. 당시 형네 집도 읍내의 시장에 있었고 어머니가 술장사를 하셨다. 셋이서 형의 방에서 막걸리와 안주를 가져와 먹었는데 셋이 이런 저런 얘기를 하며 먹는 막걸리는 술이 아닌 물 같았다.

  술이 여러 잔 들어가자 형이 기타를 치면서 애잔한 목소리로 당시 유행하던 노래들을 불렀다. 누나와 같이 박수를 치면서 따라 불렀다. 그렇게 낮부터 먹은 술을 저녁 해질 무렵까지 먹었다. 형의 어머니가 방문을 열고 셋이 무슨 술을 그렇게 많이 먹느냐며 그만 마시라고 야단을 치셔서 자리를 정리했다.

  나오면서 종업원에게 물으니 1리터 주전자로 10개 넘게 먹었다고 했다. 당시 양조장(釀造場)에서 가게로 막걸리를 배달할 때 1말(10리터)짜리 하얀 통을 이용하는데 그 한 통 이상을 먹었다는 소리에 우리도 서로 쳐다보며 놀랐고, 그러고도 셋이 다 멀쩡하다는 것에 또 한 번 놀랐다. 아마 형의 어머니께서 제지하지 않았으면 계속 먹었을 것이다.

  난 중2 때 야구를 그만두었지만 당시 모내기 할 때 바지를 올리면 허벅지가 다른 친구들 못지않게 굵고 건강할 때였기에 가능한 일이었고, 그리 먹었는데 정신이 멀쩡하고 얼굴도 붉어지지 않아서 처음으로 나의 주량이 보통이 아님을 알 수 있었다.

  대학교 1, 2학년 때는 알바하느라 시간을 자주 낼 수 없었고, 3, 4학년 때는 군대를 다녀온 예비역 형님들과 어울릴 기회가 많아서 술을 먹어도 정신을 바짝 차려야 했다. 대학졸업 후 직장에 들어가면서 직장 선배들하고 가끔 술자리를 하게 됐는데 나이 드신 선배들하고의 술 자리는 늘 긴장해야 했다.

그러다 군대를 다녀오고 결혼을 하고 첫 애를 잃고는 술을 좀 먹었는데, 은지를 낳고 1년 만에 신장이 안 좋아지면서 첫 번째 경고를 받았다. 근 1년여간 치료 후 10kg이나 빠졌던 몸무게가 조금씩 회복되자 술을 조금만이라도 마시지 않으면 안 되었다.

우리나라 사람들은 술을 먹지 않으면 타인과 어울리기 어렵다. 특별한 연줄이 없이 오로지 주변의 좋은 분들과 어울리면서 살아 온 나이기에 그분들과 연을 끊고 살기는 쉽지 않은 일이었다. 그래서 여러 자리에 참석하게 되면 술 한잔 하지 않고 분위기를 깰 수는 없어서 조금씩 마시게 됐다.

나처럼 사회생활을 하기 위해 어쩔 수 없이 술을 먹는 사람을 서양에서는 "Social Drinker"라고 한다. 나는 집에서는 전혀 술을 먹지 않고, 밖에서도 혼자서는 술을 먹지 않으니 전형적인 Social Drinker인 셈이다. 골프장에 가 보면 이른 아침에 클럽하우스 레스토랑에서 소주 2병을 잔에 나누어 넷이서 원샷하는 마니아(mania)들을 가끔 보는데, 나는 식전 해장술은 전혀 먹고 싶은 생각이 없으니 마니아는 아닌 것 같다.

"화향백리(花香百里) 주향천리(酒香千里) 인향만리(人香萬里)"는 당나라 문장가 왕발(王勃)의 시(詩)에서 전해진다. 아름다운 꽃의 향기는 백리를 가고, 맛있는 술의 향기는 천리를 가고, 좋은 사람의 향기는 만리를 간다는 뜻으로, 좋은 사람들과의 인연은 가장 소중하고 오래간다는 의미다. 그래서 좋은 분들과의 술 자리는 거절 할 수 없는 유혹(誘惑)이다. 이번에 심한 위염으로 2차 경고를 받고 열심히 치료 중이다.

  친구들과 저녁을 먹으면서 약을 먹고 있다는 핑계로 술을 안 먹었더니 같이 있던 친구들은 내가 술을 먹지 않으니 재미가 없다고 아쉬워한다. 분위기를 깨지 않기 위해서 저녁만 먹고 먼저 일어서는데 나도 미안하고 그들도 미안해 한다. 이번 기회에 약을 먹고 치료를 잘 해서 하루 빨리 좋은 분들과 가벼운 술자리라도 할 수 있기를 바라본다.

Part V

슬기로운 직장생활

미국연수(美國研修)・부메랑(boomerang)

방송출연(放送出演)・눈높이 강의(講義)

광주지원장(光州支院長)・세종연구소(世宗研究所)

동양(東洋)그룹 사태(事態)・명예퇴직(名譽退職)

유머(humor)・건배사

미국연수(美國研修)

신장염으로 6개월 이상 먹은 S대병원의 약을 끊고 몸이 회복되어 가는 중에 1990년부터 보험감독원(保險監督院) 산하 보험연수원(保險研修院)에 근무하던 나는 1991년 8월 「손해보험공동연수단」의 일원으로 미국 보험교육협회(IEA, Insurance Educational Association) 연수를 가게 되었다.

보험연수원 주관으로 생명보험은 TCI(The College Of Insurance), 손해보험은 IEA에서 격년(隔年)으로 연수를 진행하는데 우리는 IEA 5차 연수였다. '몸이 완전히 회복되지 않았는데 괜찮겠냐'는 연수원장님의 염려를 뒤로하고 재경부 사무관과 각 손해보험회사에서 지원한 연수생 등 17명이 8월 30일부터 1개월 일정의 미국 연수를 떠났다.

대부분 미국방문이 처음이라 주중엔 연수를 받고 연수가 없는 금요일 오후부터는 미국 곳곳을 가볼 수 있는 절호(絶好)의 기회여서 사전에 연수 참가자들끼리 여행사를 선정하여 알찬 연수 일정을 짰다. 갈 때는 인천에서 금요일 출발하여 하와이를 경유하여 LA로 갔다.

연수 장소는 디즈니랜드(Disneyland)가 있는 애너하임(Anaheim)의 레지던스(residence)로 우리 쌍용건설이 지은 취사(炊事)가 가능한 호텔식 콘도였다. 미국의 보험회사 임원, 보험 브로커(Broker) 직원, 보험 관련 변호사 등 다양한 분들의 강의를 듣고 토론도 했다. 아침과 점심은 레지던스 내의 식당에서 뷔페로 제공되는데 저녁은 주로 외부에 초대(招待)를 받아가거나 우리끼리 맛 투어(tour)를 다녔다.

우리를 담당하는 선생님이 두 분 계셨는데, 현역에서 은퇴하신 백인 할머니, 할아버지로 자상하고 친절하신 분들이었다. 'Jack Gamboa'라는 할아버지 선생님의 배려로 예정에 없던 애너하임 에인절스(Anaheim Angels) 홈구장에 가서 난생 처음 메이저리그 프로야구 경기를 관람하면서 맥주를 마시는 호사(豪奢)도 누렸다.

어느 날, 오후 수업이 끝나고 재미교포(在美僑胞) 변호사가 초대하는 바비큐 가든파티가 있다고 해서 제대로 고기를 먹겠다 싶어 잔뜩 기대하고 갔다. 산 중턱 양지 바른 언덕에 지은 멋진 저택(邸宅)의 옥상에 고기 굽는 시설이 되어 있고 셰프(chef)처럼 흰색 가운과 모자를 쓴 남자 분들이 숯불을 피워 그 위에서 석쇠를 놓고 굽는데 소시지와 닭고기,

감자, 토마토 등을 꼬챙이에 끼워 굽는 것이었다. 주변에 와인과 맥주도 갖다 놓고 마시도록 했다.

　우리의 뷔페처럼 무언가가 더 나올 것이라 생각한 우리는 그게 전부라는 사실을 알고는 적잖이 당황했고 기대가 큰 탓에 실망도 컸다. 그게 그들의 파티라는 것이었다. 결국 우리는 숙소로 돌아와 라면에 소주를 들이키며 아쉬움을 달래야 했다. 그들은 당연(當然)한 거라고 여겼지만, 우리의 파티가 너무 거창(巨創)한 것인지 문화(文化)의 차이를 느끼게 하는 순간이었다.

　주말을 이용하여 동부의 나이아가라 폭포(Niagara Falls)와 뉴욕(New York), 워싱턴(Washington), 서부의 라스베이거스(Las Vegas)와 요세미티 국립공원(Yosemite National Park), 그랜드캐니언(Grand Canyon)을 둘러보았으니 짧은 기간 알차게 보냈다. 그랜드캐니언에 들렀을 때 배를 타고 호수를 가기로 되어 있었는데, 여행사의 실수로 예약이 안 되어 있었다.

　반장(班長)이 여행사에 클레임(claim)을 제기하여 대신 라스베이거스의 발리호텔에서 쥬블리 쇼(jubilee show)를 관람할 수 있었다. 쇼의 무대나 규모가 어마어마하고 100명이 넘는 젊은 댄서들이 율동에 맞춰 캉캉 춤을 추는 모습은 환상적이었다. 나의 몸이 완전히 회복이 안 된 상태에서 처음 가 본 미국은 대국(大國)다웠고, 여러 곳을 보고 체험한 연수는 새로운 경험이었다.

그렇게 1개월의 미국 연수는 조금은 아쉬움 속에 끝났다. 나는 보험 연수원 소속으로 인솔자(引率者) 역할도 했기에 모두가 무사히 연수를 마치게 됨을 감사하며 귀국(歸國)길에 올랐다. 갈 때는 17명이 같이 갔지만 올 때는 미국에 남아 친지를 방문하거나 휴가(休暇)를 얻어 유럽을 들렀다 오는 분들도 있어서 나와 같이 귀국하는 일행은 절반 정도였다.

회사에 출근해서 귀국보고(歸國報告)를 하고 이틀이 지난 후, S보험사 H부장에게 전화가 왔다. 함께 연수 갔다 온 K차장이 회사에 출근하지 않아서 확인해 보니 귀국한 다음 날 다시 미국으로 출국(出國)했다는 것이다.

분명 우리랑 같이 귀국했었는데, 다음 날 개별적으로 여행사에서 비행기 표(票)를 구해 출국했다니 이해가 되지 않았다. S사에서 조사한 결과 K는 연수 가기 전부터 가족과 떨어져 회사 근처에서 혼자 하숙(下宿)을 했었고, 미국으로 도피(逃避)한 것 같다고 했다.

미국 연수 1개월 동안 함께 지내며 저녁이면 라면을 끓여 소주를 나눠 마시면서 1불(弗)짜리 고스톱도 치면서 연수생끼리 정이 들었었다. K는 대학 때 럭비를 했다며 성격이 호탕(豪宕)하고 남자다워서 전혀 눈치 채지 못했다. 조금 이상한 것은 연수 도중에 돈이 떨어졌는데 카드를 안 가지고 왔다며 귀국하면 주기로 하고 총무였던 N의 카드를 빌려 기념품(紀念品)을 샀었다. 그때 이미 그런 생각을 하고 있었을지도 모른다는 생각이 들자 사람이 무섭다는 생각이 들었다.

다행히 H부장의 배려로 N의 카드값은 K의 퇴직금(退職金)에서 정산(精算)하여 피해가 없도록 했다. 그렇게 우여곡절(迂餘曲折) 끝에 미국연수는 마무리됐고, 독한 약을 오래 복용한 탓인지 가기 전에 생기지 않았던 둘째 해정이가 미국연수 후 생겼으니 내가 처음 방문한 미국은 내게 가장 큰 선물(膳物)을 준 셈이었다.

그래서인지 해정이는 대학을 수학과(數學科)에 입학했다 적성이 안 맞다며 영문학과(英文學科)로 전과(轉科)했으니 이 또한 우연(偶然)은 아닌 듯싶다. 그 해정이를 데리고 2019년 설 연휴에 내가 28년 전에 다녀온 미국 서부 투어를 아내와 함께 다녀왔다.

부메랑(boomerang)

 사람마다 살아가는 방식(方式)이 다르다. 한 날 한 시(時)에 태어난 쌍둥이도 각자의 사고나 행동이 다를 수 있는데 하물며 범인(凡人)들이야 더 말할 나위가 없다. 내가 한국보험공사에 입사한지 6년 만인 1989년 4월 보험감독원으로 바뀌었고, 입사 9년 만인 1992년 4급으로 승진(昇進)하여 분쟁조정국에 발령을 받았다. 입사 후 보험사업부, 지도개선부, 조사부, 연수원 등 주로 관리부서(管理部署)를 거쳤기에 스스로 보험 본연의 업무를 배우기 위해 분쟁조정국 근무를 자원(自願)한 결과였다.

 나와 잘 아는 L선배랑 같이 발령을 받았는데, 주무(主務)과장께서 둘을 앉혀 놓고 생명보험(生命保險)과 손해보험(損害保險)으로 나눠야 한다고 했다. 선배는 아무래도 좋다고 내게 선택하라고 하여 나는 기꺼이 손해보험을 하겠다고 대답했다.

그러자 과장님은 의아(疑訝)하다는 듯이 '왜 손해보험을 하고 싶냐'고 물으셔서, '보험의 본질은 손해보험이고 다양한 분야의 보험을 깊이 있게 배우기 위해 손해보험을 해 보고 싶다'고 했다. 그날의 선택이 결국은 내가 여기까지 오는데 큰 영향을 미쳤다.

그리하여 나는 손해보험 분쟁조정(紛爭調停)팀에 배치(配置)되었다. 손해보험과 관련하여 소비자들이 제기하는 분쟁사건을 조사하여 직접(直接) 처리하거나 분쟁조정위원회에 상정(上程)하여 처리하는 업무여서, 신청인의 불만사항과 보험회사의 의견 등을 들어 본 후에 처리 절차를 밟는다. 그 과정에서 보험계약의 내용이라고 하는 관련 '보험약관(保險約款)'을 반드시 살펴보아야 하므로, 자연스레 공부를 하게 된다.

소비자들이 보험계약을 체결하고 보험료를 납입(納入)하지만 보험약관을 모두 알고 가입하는 경우가 많지 않아서 보험사고 발생 시 제대로 된 보상(補償)을 받으려는 다툼이 생길 수밖에 없다. 당사자 간 분쟁이 발생할 경우 특히 소비자들의 권익(權益)이 침해(侵害)되거나 불이익(不利益)을 받지 않도록 하기 위해서는 조정(調停)하는 담당자가 잘 알아야 함은 물론이다. 보험회사의 민원담당자들은 나름 그 분야의 전문가(專門家)인데 그들과 대화하며 보험회사의 의견이 옳고 그름을 판단하기 위해서는 당연히 감독원의 담당자도 많이 알아야 하는 것이다. 그래서 열심히 공부해야만 했다.

그런데 보감원은 보통 직원들을 2년마다 다른 부서로 이동(移動)시키기 때문에 직원들이 분쟁조정국에 와서 업무를 익혀 조금 알만하면 타

부서로 발령이 나는 것은 비효율(非效率)이라는 생각이 들었다. 직접 총무국장(總務局長)을 찾아가 불합리함을 얘기했더니 일리(一理) 있는 얘기라면서 참고하겠다고 했다. 결국 그로 인하여 나는 그 후 6년 동안 분쟁조정국에서 분쟁처리를 전담(專擔)하고 말았다. 물론 그 당시 내가 TBS 교통방송에 주 1회 고정(固定) 출연하여 자동차보험 전화 상담(相談)을 하고, 신문에 분쟁조정사례를 연재하는 등 관련 홍보(弘報)활동을 적극적으로 한 때문이기도 하였다. 보감원이나 금감원 직원들은 금융회사를 검사(檢査)하는 부서를 선호하기 마련인데 직언(直言)을 했다가 민원(民願)처리 부서에서 장기복무(長期服務)하게 된 것이다.

그로 인하여 금감원으로 통합한 이후에도 분쟁조정국에서 팀장, 국장까지 하고 퇴직했으니, 내가 감독원에서 근무한 32년의 절반가량을 민원·분쟁처리 업무에 종사한 셈이다. 내가 그때 총무국장께 그런 직언을 하지 않았으면 어떻게 되었을지 궁금하다.

방송출연(放送出演)

1994년 5월, TBS 교통방송의 『교통백과』라는 프로그램에 자동차보험 상담을 위해 처음 출연(出演)하게 되었다. 주중 11시 5분부터 50분까지 자동차보험, 정비, 법률, 소비자피해 등 요일별로 분야를 달리하여 생방송으로 전화를 받아 상담해 주는 프로였는데 자동차보험 상담은 화요일이었다.

먼저 출연하던 선배가 미국 연수를 가면서 넘겨받게 되었다. 선배가 하는 마지막 방송을 스튜디오 밖에서 참관(參觀)하였는데 생방송이라 어떤 질문이 나올지 모르기 때문에 준비를 제대로 하지 않으면 큰일 날 것 같아서 엄청 부담(負擔)스러웠다. 사전 예고 없는 질문에 1~2분 내에 즉답을 해야 하니 「자동차보험약관」과 「요율서」를 이해하고 달달 외우지 않으면 안될 것 같았다.

　나름 치밀하게 준비하고 시작한 첫 방송 50분 동안이 어떻게 지나간 지 모르게 마쳤을 땐 긴장한 탓인지 등에서 식은 땀이 났다. 그리고 하고 싶은 얘기를 제대로 다 못했다는 생각에 후회(後悔)도 들었다. 횟수를 거듭하면서 긴장도 풀리고 익숙해지기 시작했다. 그러는 중에 KBS1 라디오 『달리는 저녁길』(17:00~19:00)이라는 프로에서도 자동차보험 관련 분쟁사례를 소개해달라는 요청이 와서 1주일에 한 번씩 가서 소개하게 되었다. 연말이면 방송출연자들이 스텝들과 함께 회식을 하였는데, KBS1라디오 회식 때 당시 미스코리아에 뽑힌 대학생 MC의 어머니가 회식 장소에 함께 자리를 하더니 딸이 걱정된다며 2차로 옮긴 마포의 G호텔 나이트클럽까지 따라 왔다. MC와 작가, 다른 출연자들은 춤을 추기 위해 홀(hall)로 나가고 그 어머니와 나는 PD와 함께 룸에서 맥주를 마시며 노래를 불렀다. KBS는 1년 후 프로그램 개편과 함께 그만

두었고, 교통방송은 금융감독원으로 통합해서도 계속하였는데, 그 덕에 2006년 6월 교통방송 창립기념식에서 공로(功勞)표창도 받았다. 그러나 내가 팀장 보직을 맡고 있으면서 매주 1회씩 방송 출연하는 게 여러 사정상 쉽지 않아서 10년을 넘게 했던 교통방송 고정 출연도 그만두어야 했다.

  2007년 초, 금감원 공보실 직원이 와서 KBS2TV『경제비타민』이라는 프로에 내가 출연하게 되었다고 했다. 불법금융관련 프로를 제작하는데 협조 요청이 와서 공보실에서 작가에게 관련 자료를 제공해 주었는데, 보이스피싱, 불법대부, 보험사기, 주가조작 등에 연루되거나 피해를 입지 않도록 예방하고 홍보하는 프로그램으로 금감원에서도 누군가 출연해서 방송을 해야 하는데 나한테 나가라고 하는 것이다.

  보험사기 정도는 내가 얘기할 수 있지만 다른 분야까지 있는데 기획국장이나 공통부서의 장이 나가는 것이 맞지 않느냐고 했더니, 부서장들이 방송에 자신이 없다고 거절(拒絶)해서 방송을 오래한 내가 적임자라는 것이다. 나의 의사와 상관없이 회사의 결정임을 이유로 사실상 방송출연 통보였으나 방송이 채 1주일도 남지 않았고 두 번 연속 출연해야 한다고 하는데 달리 거부할 수가 없었다. MC는 개그맨 신동엽 씨와 진양해 아나운서, 연예인 출연진은 개그맨 박명수 씨와 탤런트 김청 씨가 함께하는 50분짜리 프로였는데, 라디오방송을 오래한 덕분에 카메라 앞에서 모든 것을 보여줘야 하는 TV출연도 무난(無難)하게 잘 마칠 수 있었다. 이후에도 업무 관련 홍보나 인터뷰에도 자주 불러 나갔다.

눈높이 강의(講義)

내가 보험연수원(保險研修院, 이하 '연수원') 강의를 처음 요청 받은 것이 1995년 4월쯤이다. 그 전에 연수원에 2년 근무하면서 알고 지내던 선배 대리(代理)가 강의를 한번 해 보지 않겠냐고 제의(提議)해 왔다.

과목은 『손해보험』과정(課程)의 「손해보험분쟁사례」로 그간 S대 법대의 Y교수님께서 강의를 해 오셨는데 워낙 오래 하셔서 강사를 바꿔보려고 한다고 했다.

Y교수님은 워낙 저명(著名)하신 분이라 그분이 하시던 강의를 내가 한다는 것이 굉장한 부담이었으나, 이론보다는 실제 발생하는 분쟁처리 사례를 중심으로 강의하는 것이 훨씬 효과적일 것이라는 선배의 조언에 한번 도전(挑戰)해 보기로 했다.

먼저, 수강생들을 통해 기존에 교수님의 강의 스타일을 알아보았다. 교수님께서는 교재에 있는 법원판례에 대해서 수강생들의 의견을 물으신 후 토론을 하는 방식으로 수업을 진행했는데, 수강하는 보험회사 직원들 입장에서는 사전에 준비 없이 왔다가 갑작스레 답변하기가 어려워 부담스러웠을 것이었다.

제대로 공부하기 위한 토론식 강의방식을 택한 것이었지만, 강의가 끝나고 회사에 가서 잔무(殘務)를 처리해야 해 마음의 여유가 없는 수강생들 입장에서는 귀찮게 여겼을 것 같았다.

그래서 기존에 법원 판례중심으로 되어있던 교재를 최신 판례와 분쟁조정위원회의 유의미(有意味)한 사례 중심으로 다시 만들었다. 판례와 분쟁조정사례를 요약(要約)하여 실었고, 중요한 대목은 밑줄을 긋거나 진한 글씨로 알기 쉽게 표시했다.

강의 시간에는 실제 사건의 처리근거와 결과를 도출하여 쉽게 이해할 수 있도록 진행했다. 가능한 수강생들의 부담(負擔)을 주지 않고 핵심(核心)만 알기 쉽게 설명해 주었다. 마음 졸이며 받아 본 강의 평가도 기대 이상(以上)이었다. 그렇게 시작한 연수원 강의는 지금까지 이어오고 있는데, 매년 새로운 판례와 분쟁조정사례들로 교재를 업데이트 하여 강의한 결과 수강생들에게 꾸준히 좋은 평가(評價)를 받고 있다.

1999년 1월, 통합 금융감독원이 출범한 후 직원들에 대한 OJT(on the job training)교육이 있었다. 나는 은행감독원, 증권감독원, 신용관리기금 출신 직원들에게 보험 분야 강의를 하게 되었는데, 일반 직원뿐만 아니라 사무직 여직원들도 함께 받는 교육이라서 가능한 쉽게 보험을 알리기 위해 교재를 작성했다.

그리고 실제 발생한 재미있는 보험분쟁사례를 중심으로 강의를 진행하여 보험이 어렵다는 선입견(先入見)을 없애고 직원들이 보험은 재미있고 실생활에 꼭 필요한 것이라는 흥미(興味)를 갖게 하는데 성공(成功)했다. 이후 한참동안 사내 직원들 교육 시 보험강의에 참여하여 우수(優秀)강사로 선정되어 금강산관광도 다녀왔다.

2019년 11월 21일 S대학에 교수요원으로 파견(派遣)중인 후배 J국장의 요청으로 특강(特講)을 하게 되었다. 강의 대상이 대학 2~4학년생이어서 강의 말미에 진로와 관련한 조언도 부탁했다. 주제는 알아서 선정하라고 해서 「자동차보험의 이해」로 정했다.

자동차를 가지고 있으면 누구나 보험에 가입해야 하는데 자동차보험을 제대로 알고 가입하는 사람이 많지 않다. 알지 못하면 사고 났을 때 제대로 된 보상을 받지 못한다.

그래서 기본은 알아야 한다는 생각에서 금감원을 퇴직하면서, 2년 취업제한 기간 동안 『문화센터』 같은 곳에서 강의를 하며 알리려고 생각했었는데 다른 업무를 하는 바람에 실행하지는 못했다. 강의 시작 전에 J국장은 '요즘 학생들은 집중을 잘 안하고 딴짓을 하거나 자는 사람도 있으니 신경 쓰지 말라'고 했다.

J와 함께 강의실에 들어가자 50여명이 왁자지껄 떠드는 소리가 들리고, J의 소개를 받고 강의를 시작할 때까지도 일부 학생들은 주목(注目)하지 않고 자기들끼리 얘기를 계속했다. 나 또한 그들에 신경 쓰지 않고 내 스타일대로 강의를 진행했다. 시작한지 5분여 지나자 강의실이 조용해 졌고 대부분의 학생들이 경청(傾聽)하는 것 같았다. 준비한 자동차보험에 대해 설명하고 10여분 정도는 그들과 비슷한 또래의 큰 딸과 사위가 창업(創業)하여 살아온 과정을 얘기해 주자 자신들과 가장 밀접한 내용이라서인지 몰입도(沒入度)가 최고조에 이르렀다.

예정된 75분의 강의를 마치자 학생들이 박수로서 화답해 주었다. 학생들과 같이 앉아 내 강의를 들었던 J가 강의실을 나오면서 학생들 반응이 좋았다며 고마워했고, 그렇게 나의 또 한번의 재능기부를 무사히 마쳤다. 결국 강의는 수강생들의 관심사를 그들의 눈높이에서 하는 게 가장 효과적이라고 생각한다.

광주지원장(光州支院長)

2010년 3월, 승진(昇進)과 함께 금감원 광주지원장(光州支院長)으로 발령(發令)을 받았다. 그 당시 광주지원은 광주, 전남, 전북 및 제주를 관할(管轄)하고 있었고 맛있는 음식을 먹을 수 있는 곳이어서 직원들에게 인기(人氣)가 좋았다. 그곳에서 대학을 다녔던 나로서는 꼭 한번 가보고 싶었는데 그 바람이 이루어졌다.

둘째 해정이가 고3 이어서 나 혼자 회사에서 마련해 준 사택(舍宅)에서 지냈는데, 점심과 저녁은 대부분 밖에서 먹고 아침을 혼자서 해결해야 했다. 다행히 장흥에 계신 B누나가 찰밥을 해서 한 끼 분량만큼 1회용 비닐에 싸서 냉동실에 넣어 두는데, 전자레인지에 데워서 먹으면 밥맛도 좋고 든든해서 햇반보다도 좋았다.

올갱이국이나 된장국, 매생이국도 끓여서 조금씩 냉장실에 넣어 두고 데워 먹었고 2주에 한 번씩 김치와 갖은 반찬을 갖다 놓았다.

　지원장은 지역 사령관으로 본부의 국실장 보다도 훨씬 위상(位相)이 높아서, 정부 및 지방의 공공기관장이나 언론사 간부들과 주기적으로 유대(紐帶)를 갖는다. 분기별로 9번의 금융협의회를 통해서 본연의 업무도 수행해야 한다. 광주에서 은행, 증권, 생명보험, 손해보험 및 저축은행 금융협의회(金融協議會)를 갖고, 전주, 목포, 순천, 제주에서는 전 권역 통합 금융협의회를 개최하여 정부의 금융정책을 전달하고 지역의 경제동향 및 금융현안이나 애로(隘路) 사항 등을 청취하여 본원에 전달하는 역할도 한다.
　대학 졸업한지 27년 만에 처음으로 광주에서 근무하게 되어 그 동안 보지 못했던 친구들도 볼 수 있었고, 철마다 다양한 계절음식도 먹을 수 있었다. 외부 손님과 보리굴비를 먹으러 자주 찾았던 S일식집 여사장은 내가 맛있게 먹는 반찬을 싸 주셨고, 혹여 주말에 서울에 가지 않고 혼자 식사하게 되면 언제든지 와서 식사하도록 배려해 주셔서 남도(南道)의 후한 인심(人心)을 몸소 체험할 수 있었다.

　2010년 11월, 지원(支院)을 담당하는 본부장(本部長, 부원장보)의 4개(부산, 대구, 광주, 대전) 지원 순회(巡廻) 방문이 있었다. 대학교수로 재직(在職)하다 금감원으로 오신 여성(女性) 임원으로 내가 지원장으로 내려가기 전에도 담당 임원으로 모셨다.

방문 당일 미리 공항에 부탁을 해서 비행기 트랩까지 가서 영접(迎接)을 했는데, 마침 지역 국회의원 여러 분이 행사가 있다며 같은 비행기에서 내렸다. 나중에야 비행기에서 내리던 본부장께 "국회의원들 때문에 비행기가 복잡한 것 같습니다."고 했더니 "그래요? 자느라 몰랐어요" 하며 어떤 의원들인지 묻고는 앞서가는 의원을 향해 "K의원님!"하고 부르면서 뛰었다.

당시 정무위원회(政務委員會) 위원이어서 서로 잘 아는 것 같았다. 마중 나간 우리도 같이 뛰어야 했다. 일부 의원은 공항 밖으로 나가고 K의원이 공항 귀빈실로 들어가자 본부장도 같이 따라 들어가서 이미 도착해 있던 다른 의원께도 명함(名銜)을 돌리며 인사했다. 고령(高齡)으로 법사위원장인 P의원은 받은 명함을 찬찬히 보더니 '금감원 부원장보가 왜 내게 명함을 주지?' 하는 표정으로 고개만 끄덕이셨다.

지원으로 가는 차안에서 본부장께서 '저 의원들은 오늘 몇 시 비행기로 올라가는지 확인해 달라'고 했다. '대부분 저녁 6시 비행기'라고 했더니, '4시로 예약된 본인 표를 바꿀 수 없냐'고 했다. 광주는 비행기가 자주 없어 이미 만석(滿席)이었지만 여러 군데 수소문(搜所聞) 끝에 6시 비행기 표로 바꿨다. 지원에 도착할 때 여직원이 예쁜 꽃다발을 드렸고, 기념사진도 찍었다. 업무보고를 받은 후 직원들과 점심 식사를 같이 했는데, 점심 후 저녁 비행기 시간까지는 시간이 많이 남았다.

본부장께서 전날 저녁 늦게 모(某) 국회의원 상가에 갔다가 아침 일찍 내려 왔다며 피곤한 기색(氣色)이었다. 고참(古參) 여직원의 안내로 찜

질방에서 좀 쉬다 가시도록 했다. 그 사이 직원들로부터 업무보고 받는 모습 등을 촬영한 사진을 뽑아 가시는 길에 드렸고, 6시에 공항 귀빈실에서 오전에 보지 못한 다른 의원들께도 인사를 드리고는 "원장님께 보고할 일이 생겼다"며 흡족한 표정으로 비행기에 오르셨다.

  그 다음 주 임원부서장 회의에서 본부장께서 '지원이라고 다 같은 지원이 아니고 광주지원은 달랐다'고 하셨다며 어떻게 했길래 그러냐고 본부 국실장들로부터 전화가 왔다. 그렇게 광주지원에서의 1년은 정말 빠르게 지나갔고, 그 시절이 나의 직장생활 중 피크(peak)가 아니었나 싶다.

세종연구소(世宗硏究所)

광주지원장으로 부임하여 채 1년이 지나지 않은 2011년 1월 말 인사팀 담당자로부터 세종연구소(世宗硏究所)에 연수(硏修)를 가야한다고 전화가 왔다. 사전에 한마디 상의도 없이 원장님까지 보고하고 통보(通報)하는 것이었다.

그간의 관례(慣例)로는 보험권역에서 국방대학교(國防大學校)로 갔었기 때문에 혹시 내가 연수대상이 되더라도 국방대학교를 생각했었는데, 세종연구소는 처음 듣는 생소(生疎)한 곳이었다. 그 당시 국실장급 외부 연수 파견(派遣)이 4군데 있었고, 국방대학교에 가면 군 골프장에서 골프를 칠 수 있다고 소문이 나 있어서 골프 좋아하는 사람은 선호(選好)하는 곳이었는데, 연수 담당 부서인 인력개발실장이 그곳으로 가고 나는 세종연구소로 가게 되었다.

그러나 얼마 지나지 않아 나는 세종연구소에 오기를 잘했다고 생각했다. 세종연구소『국가전략연수과정(國家戰略研修課程)』17기(期)였는데, 65명 중 50명은 정부 및 지방자치단체 소속 공무원이고 나머지 15명은 공기업(公企業) 소속이었다.

강의 일정은 보통 아침 9시부터 영어회화 1시간, 10~12시 주제별 강의로 시사(時事), 경제(經濟), 안보(安保) 등 각종 이슈별 저명(著名)인사의 특강(特講)이 있고, 오후에는 컴퓨터와 일본어(日本語) 또는 중국어(中國語)를 선택해서 배우는 제2외국어 시간과 각종 동아리활동도 가능했다. 연구실 하나에 5명의 연수생이 배치되는데, 나는 법무부·서울시·제주특별자치도 과장(課長), 기무사 대령(大領)과 한 연구실에 배치되어 그분들과 교류(交流)할 수 있는 좋은 기회였다.

연수가 시작되고 얼마 지나지 않은 2월 17일부터 22일 사이에 부산저축은행을 시작으로 6개의 부실 저축은행이 영업정지되는 사건이 발생하면서 금감원의 책임이 거론되는 등 여론이 매우 안 좋았고, 강의 나오는 일부 강사들도 강하게 금감원을 비판(批判)하는 바람에 나는 얼굴을 들 수가 없었다.

물론 큰 금융사고가 터질 때마다 으레 감독당국(監督當局)도 책임에서 자유로울 수 없지만 일부 직원들의 비리까지 겹치면서 난감(難堪)했다. 그 당시 놀란 사실은 같이 교육받는 공무원(公務員)들 조차도 금융위원회(金融委員會)와 금융감독원(金融監督院)을 구분하지 못하는 분들이 많았고, 금감원 직원을 공무원(公務員)으로 알고 있는 분들도 상당수(相當數)였다. 그러나 그런 연수생들의 따가운 시선도 내가 특유의 친화력으로 한 사람 한 사람 접촉(接觸)하면서 풀어갈 수 있었다.

연수기간 중 백두산(白頭山)과 북유럽 등 해외 연수도 2번 다녀왔고, 바쁘게 앞만 보며 살아오면서 생각하지 못한 힐링(healing)을 할 수 있어서 좋았다. 그래서 공무원들 사이에서는 안식년(安息年)이라고 생각하고 2번, 3번은 기본이고 심지어 5번째 신청해서야 선발(選拔)되었다는 연수생도 있었다. 그렇게 10개월간의 연수를 마치고 12월초에 회사로 복귀(復歸)했는데, 업무 부담 없이 좋은 분들과 유익(有益)한 시간을 보내며 힐링할 수 있었던 행복(幸福)한 시간이었다. 그때의 인연(因緣)으로 지금도 그분들과의 만남을 이어오고 있다.

동양(東洋)그룹 사태(事態)

　세종연구소에서 복귀한 후 2012년 인사에서 보험조사국장(保險調査局長)으로 발령받아 보험사기(保險詐欺)조사 업무를 1년 동안 수행한 후, 2013년 인사에서는 분쟁조정국장(紛爭調停局長)으로 발령이 났다. 분쟁조정 업무는 내가 직장생활 하는 동안 가장 많이 한 업무였고 어쩌면 마지막 보직(補職)일지 모르는 분쟁조정국장을 하는 것에 대해서 별 불만(不滿)은 없었다.

　다만, 분쟁 조정 신청 건수는 계속 늘어나는데 여러 형편상 직원(職員)은 늘리기가 쉽지 않아서 직원들이 보유한 미결(未決) 건수가 많다 보니 힘들어 했고, 민원인들에게도 시달리니 직원들이 기피(忌避)하는 부서가 되었다. 그런 직원들을 독려(督勵)하면서 부서를 이끌어 가야 하는 국장으로서 나도 늘 마음이 아팠다.

그런 와중에 9월 말 동양(東洋)그룹 5개 계열사의 법정관리(法定管理) 신청으로 투자자 4만여 명이 피해를 입었다. 아무도 예상하지 못한 상태에서 CP, 회사채 만기일인 9월 30일 동양그룹에서 전격적으로 법정관리를 신청하면서 투자자들의 분노(憤怒)와 원성(怨聲)은 극에 달했다.

금융당국의 책임이라며 금감원 앞에서 피해자들의 시위(示威) 및 항의(抗議)가 지속되어 업무에 지장을 초래할 정도였는데, 나는 담당 국장으로서 중심에서 이를 해결해 나가야 하는 처지(處地)였다.

매일 아침 원장실에서 대책회의를 갖고, 피해자들에게 향후 처리방향과 피해자들이 궁금해 하는 사항들에 대해 답변해 주는 설명회(說明會)를 서울과 지방을 순회(巡廻)하면서 개최했다. 말이 설명회지 피해자들로부터 입에 담기조차 어려운 온갖 욕설(辱說)과 거센 항의에 시달려야 했다.

부산지역 설명회에서는 2011년 부산저축은행 사태 피해자분들 중 또 다시 동양그룹 법정관리로 피해를 입은 분들이 찾아와 거칠게 항의하며 욕설을 퍼부어서 설명회가 제대로 열리지 못했다. 저녁 식사를 하는데, 같이 참석한 여성 임원께서 '그 동안 살아오면서 들은 욕(辱)보다 더 많은 욕을 오늘 들었다'며 씁쓸해 하셨다.

설명회가 끝난 후에는 매주 1회 피해자 대표들과 간담회(懇談會)를 가졌는데 나는 회사를 대표하여 그분들과 만났다. 내가 만나주지 않으면 원장실로 찾아가겠다는 그분들의 울분(鬱憤)을 누군가는 풀어줘야 하기에 기꺼이 그분들과 만나 얘기를 들어주고 그분들의 입장(立場)을 이해하려고 노력했다.

　한편으로는 1층 민원실에서 상담(相談) 및 분쟁조정 신청 접수를 받았는데 10월 한 달간 2만여 건의 분쟁조정 신청이 들어왔다. 이를 해결하기 위해서는 판매사인 동양증권에 대한 현지 검사(檢査)가 필요하여 전(全) 부서에서 인원을 대거 차출(差出)하여 임직원 300여 명이 이에 매달려야 했다.

　2014년 3월 정기인사에서 동양증권을 담당하는 금융투자 감독국장과 검사국장은 바뀌었는데 나는 분쟁조정국장으로 잔류(殘留)하며 관련 업무를 계속해야 했다.

　그렇게 하루도 거르지 않고 원장실에서 대책회의를 하고 노력한 덕분에 2만 2천여 명에 이르는 분쟁조정 신청건에 대해서 금융분쟁조정위원회(金融紛爭調停委員會)의 의결(議決)을 거쳐 동양증권의 과실비율을 산정하였고, 조정 결과를 2014년 9월에 당사자들에게 통보(通報)해 줄 수 있었다. 동양그룹 5개 계열사들이 법정관리 신청을 한지 1년 만이었다. 아마 법원에 소송(訴訟)을 제기했으면 최소 5~6년은 소요됐을 사건을 1년 만에 처리한 것이다.

　일부 피해자들은 판매사의 과실비율이 지나치게 낮다며 항의하거나 재차(再次) 분쟁 조정 신청을 하는 경우도 있었지만 대부분의 피해자들은 분쟁 조정 결과를 수용(受容)하고 동양증권과 합의(合意)하였다.

그와 같이 빨리 처리할 수 있었던 것은 300여 명의 임직원들이 합심(合心)하여 노력한 결과였지만, '피해자들을 생각하면 주말에 산에 가서 야호하고 외칠 수 있겠냐'며 주말에 등산도 안 가고, 매일 직접 원장실에서 회의를 주재(主宰)하며 때로는 심하다 싶을 정도로 직원들을 독려(督勵)하신 C원장님의 관심(關心)과 지원(支援)이 아니었으면 어려웠다.

그 후 동양시멘트(주)와 (주)동양의 매각(賣却)이 잘 되어서 피해자들이 입었던 피해를 상당부분 배상(賠償)받았다는 얘기를 접할 수 있어서 다행(多幸)이었다.

금융상품의 불완전판매(不完全販賣)로 인한 폐해(弊害)가 얼마나 큰 지를 현장에서 목격하고 처리한 사례였고, 나중에 유사사례 발생 시 반면교사(反面敎師)로 삼기 위해 분쟁조정국 직원들이 그 모든 과정을 상세히 담은 백서(白書)까지 발간하였다.

명예퇴직(名譽退職)

동양그룹 관련 피해자들의 분쟁 조정 신청은 순차적으로 계속 접수되었기 때문에 1차 조정 결정 이후 나머지 조정 신청에 대한 처리 절차를 계속 진행하고 재조정(再調停) 신청 건에 대한 추가 검토 등을 지속하는 가운데 2015년으로 해가 바뀌었고, 다시 인사 시즌이 되어감에 따라 나의 진로(進路)를 고민(苦悶)하지 않을 수 없었다.

당시 관례적으로 국장이나 실장으로 5년 또는 나이가 만 55세 되면 보직(補職)을 내려놓고 연구위원(研究委員)으로 발령을 받는다. 나도 정년(停年)은 아직 남았지만 부서장을 5년 했고 이미 나이도 차서 후선(後線)으로 물러나야 할 시기였다. 2014년의 세월호 사고로 공직자윤리법(公職者倫理法)이 개정되어 퇴직 후 2년이 지나야 금융회사로 옮길 수 있도록 되어 있던 법이 강화되어 2015년 3월 31일 이후 퇴직자의 경우 3년이 지나야 금융회사로 갈 수 있었다. 그래서 가능하면 3월 31일 이전에 퇴직하는 것이 내게 유리(有利)했다. 다만, 보통은 퇴직하고 2년 동안 어디서 뭘 할 것인지 생계대책(生計對策)이 마련된 후 나가게 되는데, 나는 아무런 대책(對策)도 없이 그냥 나가야겠다는 결정을 하였고, 문화센터 같은 곳에서 보험 관련 강의라도 할 수 있다는 자신감은 있었다.

오래 전부터 보직에서 빠지면 명예퇴직(名譽退職)을 해야겠다고 마음먹고 있던 터라 결심을 하는데 어렵지 않았다. 1월 초쯤 인사담당 임원이 거취에 대해 묻기에 보직 해임되면 명예퇴직을 하겠다는 나의 결심을 전했고 후배들을 위해서 용퇴(勇退)하겠다는 나의 결단에 고맙다고 했다. 2015년 2월 24일 인사발령에서 연구위원(研究委員)으로 발령이 났고, 3월 3일자로 32년 동안 근무한 정든 금감원을 퇴직(退職)하였다. 금감원을 퇴직하면서 고맙게도 회사와 소비자보호처에서 각각 감사패를 받았다. 그리고 사랑하는 나의 가족이 그 동안 수고했다며 마음을 담은 감사패를 만들어 주었는데 가장으로서 32년 직장생활에 대한 보상을 받는 느낌이었다.

막상 금감원을 퇴직하고 나니 매일 아침 일찍 일어나지 않아도 되고, 자면서도 휴대폰을 켜놓지 않아도 되고, 신문스크랩이나 방송을 챙겨 보지 않아도 되니 몸을 누르던 무거운 돌덩어리 하나를 내려놓는 것 같

가족 감사패

아 홀가분했지만, 어느 날 갑자기 나를 감싸주던 든든한 울타리 하나가 날아가고 광야(廣野)에 혼자 버려 진 것 같다는 생각이 드는 데는 그리 오랜 시간이 걸리지 않았다.

유머(humor)

　우리 국민들은 웃음에 인색한 편이다. 같은 아파트에 사는 주민끼리도 엘리베이터에서 만나면 표정이 굳어지고 대부분 어색하다. 그래서 각자의 휴대폰을 보거나 서로 다른 방향을 응시한다. 반면 미국 사람들은 호텔 엘리베이터에서 낯선 사람을 만나도 눈인사를 하거나 미소를 띤다. 서양은 개인주의가 발달했고 우리는 동양인으로 서양인보다 더 인간적이라고 자부하고 살아왔지만 현실은 그렇지가 못하다.

　우리 국민들은 대화의 기술도 부족하다. 단체 회식을 하거나 친구들 모임에서 술이 없으면 5분이 지나면 대화가 단절되고 분위기가 어색해지고 만다. 술을 한 잔씩 먹은 후에야 비로소 술기운을 빌려 대화를 한다. 술이 많이 들어가면 대화 이상의 술주정(酒酊)까지 더해져 언제 끝날 줄 모른다. 어려서부터 훈련이나 습관이 안된 때문이다.

서양인들은 와인이나 위스키 한잔을 앞에 두고 천천히 마시면서 옆 사람과 충분히 대화를 한다. 술의 기운을 빌리지 않고 여러 사람과 대화하기 위해서는 유머(humor)가 필요하다. 본래 유머 감각을 타고난 사람도 있겠지만, 코미디언이나 개그맨, 유머 작가가 아닌 이상 평소 위트(wit) 있는 대화를 하기가 쉽지 않다.

하지만, 본인이 노력하면 가능하다. 평소 책을 읽으면서 발견한 재미난 이야깃거리나, 다른 사람으로부터 들은 재밌는 유머를 메모해서 여러 사람이 모인 곳에서 한번 사용하게 되면 비로소 자기 것이 된다.

지금은 고인이 된 개그맨 김형곤 씨는 생전에 새로운 유머 소재를 발굴하기 위해서 대학생들을 고용하여 아이디어를 얻었다고 한다. 개그맨도 그런 노력을 하는데 일반인들이야 훨씬 더한 노력이 필요함은 물론이다.

2000년부터 보험연수원에서 보험대리점을 하려는 분들에게『보험모집 관련 법규』등에 대해 강의를 하게 되었다. 보통 한 기수에 수강생이 100여 명이나 됐는데, 대학생, 주부, 취업준비생에서 정년을 앞둔 가장이나 이미 퇴직한 분들까지 직업이 다양했다. 연령도 20대부터 70대까지 분포되어 있고 심지어 보험회사에서 근무한 경력이 있는 분들도 있었으니 강의 수준을 정하기가 대단히 어려웠다.

강의 시작 때 미리 양해(諒解)를 구하고 보험을 처음 접하는 분들을 위해 가능하면 기초부터 알기 쉽게 설명해 줬다. 특히 "보험모집 관련 법규"는 재밌는 분야도 아니어서 오랜만에 비좁은 책상에 앉아 강의를 듣는 수강생들은 졸리고 쉽게 머리에 들어 올 리가 없다.

그래서 강의 중간에 재미있는 유머를 곁들여 주자 수강생들이 정신을 차리고 강의 집중도가 높아지는 것을 느낄 수 있었다. 그 덕분에 수강생들의 강의 평가에도 좋은 영향을 미친 것 같았다.

2011년 세종연구소 연수기간 중 해외연수를 북유럽으로 갔는데, 노르웨이의 피오르(Fjord)를 가기 위해 23명이 버스를 타고 산 아래 호숫가를 3시간 정도 가게 되었다.

그때 지루하다는 연수생들의 요청으로 내가 마이크를 잡고 즉석에서 1시간가량을 재밌는 얘기를 들려준 적이 있다. 연수생들 모두 즐거워했고, 내게 그런 면이 있는 줄 몰랐다며 고개를 갸웃거리는 연수생도 있었지만, 그날 만찬 때 여러 연수생들이 술잔을 들고 내게로 왔었다.

내가 그와 같이 할 수 있는 것은 평소 들은 유머와 재미난 얘기들을 메모하거나 정리해서 다른 사람들에게 들려줌으로써 내 것으로 소화시켰기 때문이다. 물론 같은 얘기를 해도 분위기를 썰렁하게 만드는 사람도 있기에 말하는 기술도 어느 정도는 타고나야 된다고 생각한다.

KBS1 라디오 「달리는 저녁길」에 출연할 당시 연말 회식이 있었는데, PD가 재미난 유머를 하나씩 하자고 했다. 출연자와 스탭이 돌아가면서 한 가지씩 얘기하는데, 그중에서도 여성 MC L이 재미난 유머를 많이 알고 맛깔스럽게 잘 전달했다. 그리고 나서 남이 얘기하는 유머를 하나도 빼지 않고 꼼꼼하게 수첩에 적고 있었다. 결국 유머를 적절하게 구사하기 위해서는 부단한 노력이 필요하다.

고객경영연구소 이성동소장의 「제4의 경쟁자(2018. 한국경제신문)」에서는 유머를 적절하게 구사하는 세일즈맨이 그렇지 않는 사람보다 그 효과가 탁월했다고 하며, 유머러스한 영업인이 되기 위한 5가지 방법을 제시하고 있다. ①유머레퍼토리를 활용하라 ②반전화법을 구사하라 ③자신이 망가져라 ④최신 버전으로 업데이트하라 ⑤먼저 웃지 말고 유머가 통하지 않아도 포기하지 마라.

※ 붙임1 : 맛보기 유머(270p)

건배사

직장 회식(會食)이나 공식 만찬(晚餐)에 빠지지 않는 것이 건배사(乾杯辭)다. 참석자들에게 자신의 메시지를 전달하고 단합된 모습으로 뜻한 바 결의를 다지는 방법으로 건배사는 나름의 의미가 있다.

그런데, 주변에서 건배사 때문에 웃거나 우는 일이 생긴다. 어떤 이는 기대하지도 않았는데 멋진 건배사로 참석자들의 주목을 받는가 하면, 평소 말 주변이 좋아 잔뜩 기대했는데 언제나처럼 "위하여"를 외치는 이는 분위기를 가라앉게 한다.

그래서 요즘 직장인들이 회식을 기피하는 이유 중 하나가 건배사로 인한 스트레스 때문이다. 그도 그럴 것이 아무런 준비도 없다가 갑자기 건배사를 시키면 나도 당황하기 마련이다.

그런 경우에 대비하여 나는 핸드폰에 건배사를 몇 개 저장해 두고 필요할 때 쓴다. 회식 도중에 지명을 받고 일어나 그걸 꺼내 보면 그 또한 실례다. 그래서 회식이나 행사가 있을 경우 미리 건배사 한 두 개쯤 생각하고 있다가 혹시 지명 받았을 때 써 먹으면 된다.

그러면 최소한 건배사로 인한 스트레스는 날려 버릴 수 있다. 일반인들의 건배사에 대한 잘못된 생각은, 남이 하지 않은 멋진 건배사만을 하려고 한다는 것이다. 물론 그런 정신으로 건배사를 새로이 만들면 금상첨화일 것이다. 그러나 멋진 건배사를 새로 만들기는 대단히 어렵다. 그러나 생각을 바꾸면 아주 쉽다.

건배사도 스토리텔링(story tellimg)이다. 즉, 자기가 참여하고 있는 모임이나 회식, 행사 현장에서 다른 사람들에게 하고 싶은 말을 하면 되는 것이다. 건배사는 형식에 제약이 없기에 하고 싶은 말이나 느낀 점, 감사한 일들에 대해 자연스럽게 얘기하는 것이 훨씬 듣는 사람에게 설득력 있고 감동을 준다.

그리고 그 건배사는 본인이 창작한 것이므로 어디서든 조금씩 가감해서 써 먹을 수 있다. 그런데 삼행시나 사행시처럼 운율에 맞춰 기발한 건배사만을 하려고 하니 어려운 것이다.

NH농협생명보험 상근감사위원으로 있을 때, 분기별로 감사실 직원들에 대한 OJT교육이 있었는데, 내게도 1시간이 주어진다. 감사실 직원이 14명이었는데 절반이상의 직원들이 건배사를 어려워하거나 두려워했다.

  그래서 한 번은 '건배사'에 대해 강의를 한 적이 있다. 신년이나 연초에는 새로운 한 해를 맞이한 기분과 다짐을, 봄에는 만물이 태동하는 화창한 봄날을 테마로, 여름에는 시원한 바다와 산을 생각하며, 가을엔 오곡백과 익어가는 풍성한 결실의 계절을 주제로, 그리고 연말에는 한 해를 마무리 하며 느끼는 소회를 주제로 자기가 하고 싶은 얘기를 자연스럽게 한다면 그게 바로 가장 의미 있고 값진 건배사가 될 것이다.

  평소 건배사에 대해 조금만 관심을 갖고 생각해 보면 분명 자기만의 건배사를 만들 수 있다. 자칭 '건달(건배사의 달인)'이라는 지인이 『알까기 건배사』라는 책을 냈다. 뿐만 아니라 인터넷에도 새로 유행하는 건배사를 많이 찾을 수 있다. 결국 조금만 관심을 갖고 준비하면 건배사로 인한 회식 스트레스를 극복할 수 있다.

※ 붙임2 : 맛보기 건배사(280p)

Part Ⅵ

다양한 체험(體驗)

하숙집 & 하숙생・필드(field) 경험(經驗)
진로(進路)・적정(適正) 결혼시기(結婚時期)
다른 DNA・내려놓기・내집 마련
주례(主禮)・보험법(保險法)

하숙집 & 하숙생

　대학에 입학하면서 K선생님께서 정해주신 하숙집에서 4년을 보냈다. 심지어 하숙집이 이사(移徙)를 할 때도 어김없이 함께 이사를 했다. 10여 명이나 됐던 하숙생들은 방학이면 대부분 시골집에 갔지만 마땅히 갈 곳이 없었던 나는 그냥 하숙집에 머무르면서 알바를 했다. 부모님이 안 계셔서 갈 데가 없는 것을 아셨던 하숙집 아저씨와 아주머니께서는 한 가족처럼 편하게 대해 주셨고 자제분들과도 친형제처럼 지냈다.
　방학이면 하숙비도 덜 받았고 돈이 없어 하숙비가 밀려도 나의 사정(事情)을 알고 쫓아내지도 않았다. 대학을 졸업하고 서울로 올라오면서도 서울 하숙집을 얻을 때까지 짐을 따로 싸서 다락방에 보관해 주시던 곳이었다. 나중에 보관한 짐을 찾으러 갔는데, 앨범 등 나의 어릴 적 추억이 담긴 일부 물건들은 찾을 수가 없어서 안타까웠지만, 참 고마우신 하숙집 식구들이었는데 나중에 그분들께서도 모두 서울로 올라오셨다는데 보답하지 못하고 사는 것 같아 늘 미안한 마음이다.

대학 졸업 후 서울에 올라와서는 대학 때 총학생회장을 했고 나와는 형제처럼 지낸 L형이 먼저 와 있던 마포 하숙집에 같이 있게 되었다. L형은 여의도에 있는 모 방송국 PD였고 내 직장은 광화문이어서 지하철을 타면 금방이었다. 마포 G호텔 뒤에서 혼자 사는 아주머니가 운영하는 전문 하숙집이었는데 전국 각지에서 올라온 각양각색(各樣各色)의 직업(職業)을 가진 10여 명의 남자 하숙생들이 있었다.

그 당시 한국보험공사는 퇴근시간이 6시였고 특별한 일이 없으면 거의 정시(定時) 퇴근을 했는데, 여름엔 퇴근 후 집에 오면 아직 해가 지지 않았다. 별로 갈 데도 없었던 내가 하숙집에 오면 맨 먼저 오는 것이었고 저녁 8시나 되어야 4~5명이 퇴근을 하고 그때야 저녁을 먹을 수 있었다.

하숙생 중에 H은행에 다니던 S와 나는 비슷한 또래여서 자주 어울리게 되었는데 S는 그 당시 유행하던 파친코를 엄청 좋아해서 가끔은 나도 그를 따라서 하숙집 바로 앞에 있는 G호텔에 갔다. 나는 돈도 많이 없었을 뿐만 아니라 뻔히 기계와 싸워 이길 수가 없다는 것을 깨닫고 자주 가지 않았지만 S는 거의 매일 퇴근하고 들르는 것 같았다.

그때 장 당 100만원 한도의 가계수표(家計手票)가 1인당 20장씩 주어졌는데, 호텔에서도 1개월 후 결재하는 가계수표가 통용(通用)되었기 때문에 현금이 없어도 가계수표로 사용이 가능했다. 결국 S는 그로 인해 많은 부채(負債)를 감당하지 못하고 은행에서 퇴직하고 하숙집을 떠나고 말았다. 상고(商高)를 졸업하고 은행에 들어와 앞길이 창창(蒼蒼)한 20대 중반의 은행원이 하루아침에 나락(奈落)으로 떨어지는 것 같아 안타까웠다.

1984년 겨울, 하숙생 한명이 사망(死亡)하는 사고가 있었다. 아침 식사시간에 지하 독방(獨房)에 사는 B선배가 나오지 않아서 아주머니가 들어가 보니 정신을 잃은 상태여서 119 구급차로 근처 병원으로 옮겼으나, 결국 숨지고 말았다.

사인(死因)은 연탄가스 중독(中毒). 방문(房門)은 제대로 닫혀 있었으나, 온돌방 바닥 장판이 까맣게 타져 있었는데 그쪽으로 가스가 샌 것 같았다. 강원도(江原道)에 가족을 두고 혼자 서울 와서 중소기업에 다니면서 돈 한 푼 허투루 쓰지 않고 오직 가족(家族)들을 위해서 열심히 산 선배였는데 안타까웠다. 하숙집의 관리책임도 있어서 아주머니는 유족(遺族)측과 합의를 해야만 했다.

하숙집 아주머니는 나보다 8살이나 위였지만 미혼(未婚)이었다. 이리(裡里)출신으로 소탈하면서도 음식 솜씨가 있었고, 단독 주택을 얻어 10여 명의 젊은 남정네들의 속옷 빨래까지 다 하면서 억척스럽게 살았다.

그런데 얼마 후 하숙집에 이상한 소문(所聞)이 돌기 시작했다. 아주머니가 동네 아주머니들과 춤을 배우다가 춤 선생과 바람이 났다는 것이다.

아주머니는 그런 것이 아니라고 잡아뗐지만 얼마 지나지 않아 아주머니가 임신(姙娠)을 하게 되면서 거짓말이 들통나고 말았다. 상대는 아주머니보다 3~4살 어린 가수(歌手)지망생으로 아주머니에게 춤을 가르치다가 눈이 맞은 것 같았다.

가끔 저녁에 하숙집에 들러 하숙생들과 식사를 같이 했는데 둘이 전혀 어울릴 것 같지 않았고 순진한 아주머니만 손해 볼 거라는 생각이 들었지만 우리가 왈가왈부(曰可曰否)할 수는 없었다. 이후 아주머니는 아들을 낳았고, 1985년 11월 내가 결혼하면서 하숙집을 나왔다. 한참이 지난 뒤 근처에 갈 일이 있어서 하숙집을 들른 적이 있었는데 아주머니는 혼자서 씩씩하게 아들을 키우고 있었다.

필드(field) 경험(經驗)

① GA Korea

2015년 3월 금감원에서 명예퇴직(名譽退職)을 하고 GA Korea(이하 'GAK')라는 보험 법인대리점에서 고문(顧問)으로 근무하게 되었다. 당시 을지로에 위치하고 있었던 GAK는 과거 D생명 출신 직원들이 개별적으로 보험대리점을 운영하다 2009년 GAK라는 회사를 설립(設立)하여 본부 조직을 만들고 대표이사도 선거로 선출(選出)하며 지사(支社)형태로 운영하는 개별대리점의 연합체(聯合體)로 소속 설계사가 1만 3천 명이나 되는 보험 법인대리점 중에서 규모가 가장 큰 곳이었다.

내 방(房)이 따로 없어서 1주일에 한번 정도 나오면 된다고 했는데, 마침 잘 아는 C선배가 여의도에 컨설팅(consulting) 사무실을 냈다고 하면서 여직원하고 둘 뿐인데 같이 있자고 하였다. 사무실이 여의도백화

점 옆이라 금감원하고도 가깝고 해서 자연스럽게 그 선배 사무실에 책상을 하나 놓고 같이 지내게 되었다.

금감원 다닐 때는 6시에 일어나 화장실에 들른 후 눈곱만 떼고 7시경에 출근(出勤)하여 이메일(email)과 신문스크랩 확인 후 20층 체력단련실에서 40여 분 운동과 샤워를 하고 8시에 구내식당에서 아침식사를 한 후 하루를 시작하곤 했었다.

그래서 퇴직하고 며칠은 아침에 잠도 푹 자고 여유(餘裕)를 가지려고 했으나 근 30년 이상 반복된 습관은 하루아침에 달라지지 않아서 6시가 넘으면 잠이 깨곤 했다. 그래서 나태(懶怠)해지지 않고 아침 운동을 하기 위해 아파트 상가에 있는 헬스클럽에 등록을 했다.

아침 6시 반쯤 일어나 7시부터 1시간가량 운동, 샤워 후 돌아와 식사하고 9시쯤 출발하여 매일 다니던 여의도 전철역에서 내려 출구(出口)만 다르게 나가서 사무실에 출근하면 9시 30분쯤 된다. 금감원 다닐 때와 달리 크게 부담스러운 일이 없으니 마음은 편했다. 그렇게 2년 동안 GAK 고문으로 있다 2017년 4월 NH농협생명보험으로 자리를 옮기게 되었다.

② 게임회사 I

금감원을 퇴직하고 두 달쯤 지나 광주(光州)에 내려갔을 때, 고향 후배 J의 소개로 게임회사 대표 L을 만나게 되었다. L은 10여년 이상 광주에서 스마트폰 게임회사 I를 운영하였는데, 40대 초반의 나이에도 성실(誠實)하고 자기분야에 전문성(專門性)도 있는 것 같았으며 무엇보다 열정(熱情)이 있어 보였다. I사는 코넥스(KONEX)시장 상장을 목표로 2014년 12월 H증권과 계약을 맺은 상태였는데, 서울사무소도 곧 마련할 예정이라며 내게 도움을 청(請)했다.

자본금이 9억 밖에 안 되고 매출도 20억 원이 채 안 되어 법에 저촉되는 부분도 없어서 나는 고문(顧問)으로서 I사를 돕기로 했다. 말이 고문이지 서울에 따로 떨어져 있어서 경영(經營)에는 참여하지 않고 서울사무소를 맡아 상장(上場)업무 등 필요할 때 도움을 주기로 하였다. 그리고 4개월여 지난 2015년 9월 I사 서울사무소를 여의도백화점에 마련하면서 내가 맡게 되었다.

사무실을 얻자 여직원이 필요했는데 본사에서는 나더러 알아서 여직원을 채용하라고 했다. 주변에 마땅한 사람이 없어서 여기저기 구직(求職)사이트에 접속해보니 직종별, 지역별, 성별, 연령별, 학력별로 많은 구직자가 있었다. 상세한 프로필(profile)을 알기 위해 10만 원을 결재(決裁)하자 100명의 구직자 프로필(profile)을 볼 수 있었다.

사무실에서 전화 받고 청소하고 손님 오면 차(茶)를 내오는 정도의 일상적인 비서(秘書) 업무였고 고도의 기술이 필요한 일도 아니어서 급여(給與)를 많이 줄 수는 없기에 월(月) 급여 150만 원 정도에서 찾아야 했다. 그 중에서 출퇴근 거리가 가깝고 적정한 급여를 원하는 여직원을 찾는데 대상자가 생각처럼 많지 않아서 10명 정도를 선정(選定)하여 일단 전화를 했다.

그런데 전화를 받지 않거나, 이미 취직이 되었거나, '뭐 하는 곳이냐', '자신의 경력개발(經歷開發)에 도움이 되느냐' 등을 물은 후 거절하는 경우 등 맞는 사람을 찾기가 쉽지 않았다. 그 가운데 관심(關心)을 갖는 사람을 찾았다. 30대 초반으로 백화점에서 화장품 영업을 하면서 연봉을 3,500만원 받았다면서도 원하는 연봉이 1,800만원으로 적혀 있어서 전화로 확인해 보니 사무직(事務職)이면 그 정도 월급이어도 괜찮다고 했다.

대략 조건이 맞는 것 같아서 다음 날 오후 2시에 면접(面接)을 보기로 했다. 다음 날 약속시간이 됐는데도 연락이 없어서 전화를 했더니 신호만 갈 뿐 받지를 않았고 아무런 연락도 없었다. 몇 번의 전화를 더 해도 받지를 않아서 그냥 포기(抛棄)했다. 무슨 사정이 있었거나 생각이 바뀌었으면 그렇다고 연락이라도 줘야 하는데 너무 실망(失望)스러웠다.

그러던 어느 날 출근길에 여의도역에서 사무실로 걸어가다가 근처 한(韓)식당 종업원 H를 만났다. 단골 식당 종업원으로 서로 얼굴을 알기에 차(茶) 한잔 하자고 커피숍으로 데려가 사정 얘기를 하면서 '혹시 주변에 친구나 일 할만 한 사람 없는지' 물었다.

H가 '뭘 하는 곳이냐'고 묻기에 설명을 해 주자 "내가 가면 안돼요?" 하는 것이다. 식당 사장도 잘 아는 처지라 괜히 종업원 빼 갔다는 소릴

들을 것 같아서, "왜 나오려고 하느냐?"고 묻자, '매일 아침 9시 반부터 저녁 10시까지 근무하는데 힘들어서 그런다'고 했다. 거기서 200여만 원 벌이가 된다고 해서 '여기는 급여도 적은데 괜찮겠냐'고 하니, '야근 없고 주말 다 쉰다'면 오겠다는 것이다.

서로 좀 더 생각해 보고 연락하자고 보냈다. 다음 날, 그 식당에 가서 같이 근무하는 팀장한테 H에게 무슨 일이 있는지 넌지시 물었더니, '시집도 안간 젊은 얘가 여기 있으면 되겠냐'며 '다른 문제 있는 것 아니고 일도 잘하니 데려가라'고 했다. 나도 식당에 다니면서 H의 성품(性品)이 괜찮아 보였고 매사 적극적인 성격인 것을 알았기에 그럼 이력서를 하나 달라고 했다.

시골에서 여고(女高)를 졸업한 후 1년 정도 중소기업에 다니다 줄곧 식당에서 일한 경력이었는데, 나이가 30대 중반이어서 우리 사무실에 오히려 잘 맞을 수 있을 것 같고 마땅한 사람 구하기도 어려운데 속 아는 사람이 낫겠다 싶어서 입사(入社)시켰다.

그리고 얼마 지나지 않아 내 판단이 옳았음을 알았다. 사무실이 60평으로 꽤 큰 편이었는데 매일 깨끗이 청소하고 화분에 물주고 오는 사람에게 친절(親切)하고 사회생활을 많이 해서인지 자질구레한 일처리도 똑 부러지게 잘 했다. H는 그렇게 사무실에 같이 근무하면서 맘에 맞는 남자친구를 만나서 나중에 결혼까지 하게 되었는데 나도 기쁜 마음에 주례(主禮)를 서 주었다.

결혼하면서 회사를 그만 두었는데, 평소 하던 걸로 보면 집안 살림도 잘하고 잘 살 것이라 믿는다.

I사는 새로운 게임을 개발하여 몇 차례 시장에 내 놓으면서 좋은 반응을 얻기도 했으나, 경쟁이 치열한 게임업계에서 살아남기 위해서 부단(不斷)한 노력을 계속해야 했다. 그런 가운데 나는 2017년 4월, NH농협생명보험으로 자리를 옮기면서 I사를 그만두었다.

그 후 I사는 시장의 기대에 부응할 만한 대작(大作)을 개발하기 위해 많은 자금을 차입(借入)하였으나, 기대한 만큼 성과를 내지 못하면서 자금난을 견디지 못하고 결국 파산(破産)하고 말았다. 지방이라는 불리한 여건에도 젊은 나이에 게임회사를 창업하여 서울을 오가며 동분서주(東奔西走)했음에도 결국 뜻을 이루지 못한 L이 많이 안타깝다.

③ 중국 H그룹

H그룹과의 인연(因緣)은 2016년 2월에 시작되었다. 2월 말에 잘 아는 후배(後輩)들하고 중국(中國) 연태(煙台)로 골프를 치러 가게 되었다. 연태는 인천에서 한 시간 거리 밖에 안 되고 중국은 시차(時差)가 1시간 늦어서 9시에 비행기를 타고 연태 공항에 도착하여 입국수속을 마치고 나왔는데도 10시도 채 되지 않았다.

호텔에 가서 짐을 풀고 점심을 먹고 골프장에 나가기로 돼 있어서 H호텔에 도착하자 H그룹 해외담당 B사장이 커피숍에서 기다리고 있었다. 우리보다 연태에 먼저 갔던 후배 K가 우리에 대해서 미리 얘기한 것 같았다. K는 과거 중국에서 10년 이상 살면서 사업을 한적 있어서 조선족 교포인 B와는 오래 알고 지내는 친구였다.

B는 우리를 호텔 1층에 있는 사무실로 안내하더니 브리핑(briefing)을 시작했다. H그룹이 주간사가 되어 연태에 코리아타운(Korea Town)을 건설하기 위한 프로젝트를 진행 중인데, 2015년 12월 20일 중국정부의 승인(承認)을 받았고, 한국에서도 3월 31일 L호텔에서 설명회가 예정되어 있으니 도와달라는 것이었다.

한·중 FTA 체결 당시 양국 정상 간에 양국 간 교류 증진을 위해 중국 연태에 코리아타운(Korea Town), 우리 새만금에 차이나타운(China Town)을 세우기로 합의하였는데, 우리는 여러 가지 이유로 사업 추진이 지연되고 있지만 중국은 일사불란(一絲不亂)하게 진행되어 정부 승인이 나서 200만 평(坪)이나 되는 토지를 국가에서 임대(賃貸)받아 전기, 수도 등 기반시설 공사를 하고 있다는 것이었다.

한국의류 쇼핑몰(shopping mall), 아울렛(outlet), 테마파크(theme park), 음식점, 병원, 물류창고, 금융기관, 호텔, 아파트 등 한국인 20만 이상이 거주하는 신도시(新都市)를 만드는 것이었다. 향후 15년 동안 21조 원의 자금을 들이는 거대한 프로젝트(project)였다. 그 계획을 듣고 규모와 크기에 놀라지 않을 수 없었지만, 토지와 자금이 확보되고 중국 정부까지 나서서 추진한다면 가능할 거란 생각이 들었다.

운동을 마치고 다시 호텔로 돌아오자 H그룹의 L회장 내외가 주최하는 만찬(晚餐)이 준비되어 있었다. 호텔 맨 위층에 영빈관(迎賓館)처럼 마련된 식당 주변에 코리아타운 조감도(鳥瞰圖) 등 여러 자료들이 있었는데 L회장이 통역(通譯)을 대동하고 직접 상세한 설명을 해 주어서 그룹 차원에서 이 사업에 올인(all in)하고 있음을 알 수 있었다. 한족(漢族)인 L회장은 자신이 한국을 좋아하고 연태에 한국의 대기업과 합작법인도 운영하고 있다고 했다. 이를 증명하듯 L회장이 한국의 유력 정치인들과 찍은 사진도 곳곳에 비치되어 있었다.

영빈관에서는 회장 부부가 특별히 마련한 진수성찬(珍羞盛饌)을 대접받았다. 맛있고 귀한 음식들이 너무 많이 나와서 반절이나 남겨야 했는데, 중국에서는 여러 가지 음식을 되도록 많이 준비하고 음식이 많이 남아야 손님에게 제대로 대접(待接)한 것이 된다는 것도 그때 알았다.

맛있는 음식에 고량주(高粱酒), 와인(wine), 그리고 난생 처음 보는 귀(貴)한 술까지 여러 술을 섞어서 먹다 보니 우리들 모두는 취하지 않을 수 없었다. 다음 날, 때 아닌 눈이 오고 바람이 많이 불어서 운동은 취소하고 코리아타운 현장 방문을 했다.

끝이 보이지 않은 넓은 땅의 한 가운데에 도로를 만들고 진입로를 확장하는 등 공사가 한창이었다. 마지막 날은 연태시내에 위치한 와인박물관에 들러서 다소 생소한 중국와인을 접해 보았다.

예정된 일정을 마치고 돌아온 1주일 후, L회장 부부와 함께 한국을 방문한 B사장이 내가 있는 여의도 사무실을 찾아왔다. 우리가 가기 전부터 예정되어 있던 새만금관련 투자협의를 위해 전라북도 도지사(道知事) 등을 만난 후 회장 부부는 중국으로 돌아가고, B는 더 볼일이 있어서 남았다고 했다.

새만금투자와 관련해 물으니 아직 구체적인 사업계획이 진전되지 않아 투자협의를 할 단계가 아닌 것 같다고 했다. 새만금개발과 관련하여 컨트롤타워 역할을 하는 새만금청, 전라북도와 농어촌공사 등 관련기관이 달라서 어느 곳하고 협의를 해야 할지 모르겠다고도 했다.

B는 3월 31일 L호텔에서 한국기업인들을 상대로 코리아타운 설명회가 있는데 한국의 금융회사들도 관심을 갖고 참여해 줬으면 했다. 나는 처음 얘기한 대로 한국인이 20만이 상주(常住)하는 도시가 생기면 당연히 한국 금융회사들이 들어갈 것이니 그 문제는 염려(念慮)하지 않아도 될 거라고 했다.

몇 군데 지인들에게 연락을 해서 은행, 증권, 보험 등 업권별 1개 회사 임원들이 설명회에 참석했고, 기타 관심 있는 업체 관계자 등 400여 명이 참석하여 설명회는 성황(盛況)을 이뤘다.

중국 측에서는 산둥성(山東省) 담당 국장, 연태시 부시장 등이 참석하여 코리안타운에 대해서 직접 설명하면서 투자를 독려했다. 특히 산둥성의 여성(女性) 국장은 중국인임에도 한국과의 교류를 위해 스스로 한국말을 배웠다며 한국어로 직접 브리핑을 하는 모습이 인상적이었다.

그 후 중국에 갈 일이 몇 번 있었는데 중국의 공무원(公務員)들은 업무

시간 중에도 기업체에 방문한 우리들을 위해 나와서 설명하고 적극적으로 투자유치를 위해 나서는 모습이 찾아가도 함부로 만나기 어려운 우리 공무원들과는 달랐다.

내가 의아해서 물으니 자기들은 현장(現場)에 나가서 적극적으로 일하는 것을 권장(勸獎)하고 우리와 만나는 것이 시(市)나 국가(國家)를 위해서 도움이 된다고 했다. 2016년 5월 28일 연태 코리아타운 부지에서 착공식(着工式)이 성대하게 열렸고, 다음 날 H그룹이 주최하는 골프대회도 열렸는데 한국, 중국에서 한국인 150여 명이 참석했다. 그렇게

착공식을 갖고 공사가 시작되었으나, 2016년 하반기 사드(THAAD)배치 문제가 불거지면서 더 이상 진전되지 못했다.

그리고, 2017년 4월 나는 NH농협생명 상근감사위원으로 가게 되면서 더 이상 중국 일에 간여(干與)하지 않게 되었다. 계속 H그룹과 관계를 맺고 있던 후배 K에 의하면, 2017년 여름부터 H그룹에서 다시 진행한다는 통보가 왔으나, 그해 가을 B사장이 한국을 방문하다가 인천공항에서 마약(麻藥)투약 혐의로 체포되는 사건이 발생했다고 한다.

동행했던 K가 진위(眞僞) 여부를 묻자, B는 '입국 사흘 전 과로(過勞)로 병원에서 강력한 영양제(營養劑)를 맞는데 아마 마약성분이 들어 있었던 것 같다'고 했다는 것이다.

사실(事實) 여부를 알 수 없었지만, 그로 인해서 B가 추방(追放)당하게 되었고 그룹의 대외(對外) 파트너로서의 입지도 좁아졌다. 그런 B와 함께 일을 계속할 수는 없었고, H그룹이 그 정도 프로젝트를 진행 할 수 있는 전문 인력이 없는 것 같다며 관심을 보였던 우리 기업들이 모두 철수한 상태라고 한다. 중국과의 사업이 쉽지 않음을 실감한 좋은 경험이었다.

④ 미완(未完)의 M

2016년 4월 초(初) 후배 J가 소개해서 M사를 방문하게 되었다. 역삼역 부근 H빌딩 6층에 있는 M사 사무실에서 회장 P를 만나게 되었는데

J와 M의 부사장 Y가 고등학교 동창(同窓)이었다.

P와 Y가 그간의 경위를 설명해 주었다. M사는 전기차 배터리(battery) 생산업체로서 A화학 셀(cell)을 받아 중국에 있는 공장에서 배터리를 만들어 중국의 I자동차가 생산하는 전기자동차에 납품하기로 되어 있고, 그러기 위해서 중국의 D자동차와 합작법인인 SM을 중국에 설립하였으며, 중국에 배터리 공장도 건설중인데 SM에 지불할 자본금과 M사 운영자금 등을 위해 투자를 받고자 한다고 했다.

D회계법인을 통해 M사의 가치분석을 했고 이를 토대로 H증권에서 100억 원의 펀딩(punding) 자금을 주선(周旋)하기로 하였는데, 3월 중순 H증권에서 자금모집이 완료되었다고 통보하면서 '1주일 후 돈이 들어올 것이니 법률자문 회사(Law Firm)와 거래은행을 정하라'고 하면서 '추후 M사의 상장시 주간사 권한까지 요구하였다'고 한다.

그리 하기로 중국 측에도 통보하고 향후 구체적 사업일정까지 확정하였는데, 약속한 1주일 후 H증권으로부터 대주주로 참여키로 한 A캐피탈의 불참으로 펀딩이 안됐다는 통보를 받아 결국 투자자금 확보가 급하게 되었다는 것이었다. 그러면서 내게 고문(顧問)을 맡아 도와 달라고 하였다.

내가 참여하여 할 역할이 많지 않을 것 같아서 참여를 망설이는데, 이미 지분을 참여하고 있는 J가 도와달라고 끈질기게 부탁하고 차세대 자동차는 전기차가 대세일 것이라는 것 정도는 알고 있었으므로 아이템(item)이 괜찮은 것 같아서 참여해 보기로 했다.

매주 화요일 아침 10시에 있는 경영회의에 참석하여 진행상황을 체크하고 현안(懸案) 협의를 했다. 우선 처음에 펀딩을 주관하기로 한 H증권에 지인(知人)을 통해서 확인해 봤다. 약속한 펀딩이 안 됐으면 그 후 어떻게 진행되고 있는지 등을 확인한 결과, M사 담당 임원이 이미 3월 말로 퇴직하고 없었고, M사 건은 그 임원이 계속 하겠다면서 서류 일체를 가지고 나갔다는 것이었다.

M사에서는 그것도 모르고 있었으니 황당(荒唐)할 노릇이었다. 결국 처음부터 다시 투자자를 찾아 다녀야 했다. 증권, 자산운용사, 캐피털사 등 아는 지인들을 통해서 회사 관계자들과 함께 IR(Investor Relations)을 몇 군데 다녔다. 그러나 적은 금액도 아니고 투자자를 구하기가 쉽지 않았다.

아이템은 좋은데 M사가 아직 생산 이력이 없고 자금을 중국에 있는 합작회사로 투입하는데 그로부터 회수(回收)는 언제 될 것이며 중국 공장에서 생산이 이루어지고 수익이 창출된다고 하더라도 수익금을 바로 우리나라로 들여올 수 있는지에 대해 의문(疑問)을 제기하는 경우가 많았다. 나 또한 그 부분에 대한 경험이 없어 확신(確信)이 안 섰다.

그리고 투자하려는 기관 입장에서는 설명을 듣고 자신들 나름대로 조사하고 분석하고 내부 절차를 거쳐야 하기 때문에 상당한 시간을 요구했다.

결국 급한 쪽은 M사였다. 그 과정에서 중국측 합작사 회장단들이 들어와 그들을 A화학 공장에 견학시키고 저녁에 만찬(晩餐)도 같이하면서 사업파트너로서의 입지도 다져야 했다. 모든 것은 자금 확보가 관건(關鍵)인데, 여기저기서 투자하겠다는 의향(意向)은 비추는데 실제 투자로까지 이어지지가 않았다.

사무실 유지와 직원 급여 등 당장의 운영자금조차 확보되지 않아서 직원들이 하나 둘 회사를 떠나고, 3개월째가 되자 경영회의마저 제대로 열리지 않았다. 나도 고문료(顧問料) 한 푼 받아보지 못한 채 더 이상 참여할 필요성을 못 느끼고 가지 않게 되었다.

결국 사전에 철저(徹底)한 준비 없이 의욕(意慾)만 가지고 사업을 하겠다고 나서면 필패(必敗)한다는 사실을 현장에서 목격할 수 있는 좋은 경험이었다. J의 전언에 의하면, M은 이후 중국에 자본금을 보내지 못해서 계약이 파기(破棄)되었고, 직원들도 다 떠나서 지금은 어디에 있는지조차 모호(模糊)하다고 한다.

이처럼 금감원을 퇴직하고 자유의 몸으로 지낸 2년이라는 짧은 기간 동안 필드에서 여러 가지를 경험하였는데, 30여 년 동안 금감원의 울타리 안에서만 보았던 세상이 실제 필드에서 부딪쳐 보니 많이 다름을 깨달을 수 있어서 의미 있는 시간이었고, 돈으로 살 수 없는 귀중한 경험들은 앞으로 내가 세상을 살아가는데 큰 도움이 될 것이라 믿는다.

진로(進路)

큰 딸 은지는 대학 4학년이던 2011년 가을, D보험회사 공채(公採)에 합격했다. 대학도 졸업 하기전에 직장생활을 시작한 은지는 거의 매일 야근(夜勤)하고 집에 돌아오면 씻고 자기에 바빴고, 아침마다 아내가 깨워서 출근 시키는 일이 잦았다.

그렇게 2년쯤 지나자 '다람쥐 쳇바퀴 돌듯 매일 반복되는 일상(日常)에 지치고 회사 직원들과의 관계도 힘들다'고 내게 토로(吐露)했다. 그때마다 '아빠는 직장생활을 30년 넘게 했는데 벌써 지치면 사회에서 낙오될 수 있으니 그래도 버텨야 한다'면서 다독였다.

그리고 또 2년쯤 지난 2015년 늦가을 어느 날, 퇴근 후 은지와 집 앞에서 차를 한잔하게 되었다. 은지는 '회사일이 적성에도 안 맞고 힘들어서 도저히 더는 몸이 버텨지 못하겠다'고 읍소(泣訴)했다.

다른 대책이 있는 것도 아니고 일단 6개월 정도 쉬면서 생각해 보겠다고 했다. 너무나 간절(懇切)하게 얘기해서 나로서도 더는 참으라고 할 수가 없었다. 그렇게 은지는 입사 4년 만인 2015년 11월말 D보험회사를 그만두었다.

은지는 회사에 다닐 때 주말이면 강남에 있는 아그레아블(Agreable) 독서동아리에 다녀오곤 했는데, 직장을 그만두고는 더 자주 독서동아리에 참여하는 것 같았다. 그리고는 다시 취직할 생각을 하지 않았다. 6개월 정도 지나 몸도 건강해진 것 같아서 나는 취직을 하려면 한 살이라도 어렸을 때 해야 한다는 조바심에 보험회사 모집공고가 나면 알려주곤 했다.

은지는 마지못해 마지막 날 원서를 내는 둥 소극적(消極的)이었다. 그러니 자기소개서를 제대로 쓸 리 없었을 것이고 당연히 서류전형에서 탈락(脫落)했다. 내가 오히려 초조(焦燥)했으나, 두 번의 형식적 응모(應募)와 탈락을 반복한 은지가 '더는 보험회사에 취직하고 싶지 않다'는 본심(本心)을 내게 얘기했다. 나도 더 이상 간섭(干涉)하지 않기로 마음먹었고, 은지는 홀가분하게 아그레아블 독서동아리의 리더(leader)로서 활동하는데 전념(專念)하게 되었다.

매주 토요일 오후 강남의 한 카페에서 동아리 회원 20~30여 명이 모여 차를 마시며 독서 토론을 하자 처음엔 카페에서도 좋아했다고 한다.

그러나 점점 참가자가 늘어나 40~50 명이 넘어가자 카페나 주변 손님들에게 눈치가 보였다고 한다.

이곳 저곳을 옮겨 다니던 중, 결혼 후 사위가 운영하는 인터넷 간편식품 쇼핑몰 '윙잇(Wing Eat)'도 회사가 커지면서 역삼동 신축건물 3층을 얻어 일부는 '아그레라운지'라는 북카페(book cafe)를 꾸미고, 나머지는 '윙잇' 사무실로 사용하다가 이후 윙잇은 아예 별도의 사무실을 얻어 나가고 역삼동은 온전히 아그레라운지로 만 사용하고 있다.

라운지에서는 요일별, 테마별 독서 토론은 물론 빈 시간은 다른 프로그램을 유치하거나, 대관(貸館)까지 해 주고 있다. 은지가 대표로서 법인을 설립하여 직원을 2명 두고 라운지를 운영하고 있으니 대견하다.

금융회사가 여자들에게는 꽤 괜찮은 직장임에도 그만둔다고 했을 때 내가 가졌던 고정관념(固定觀念)을 깨고, 전혀 다른 분야에서 훨씬 즐겁게 자기 하고 싶은 일을 하면서 살아가는 은지와 대기업 취직을 마다하고 맨손으로 창업하여 열심히 회사를 키워 가고 있는 사위를 보면서 많이 느끼고 배우고 있다.

우리 젊은이들이 기성세대보다 훨씬 유연한 사고를 가지고 있고, 각자 자기 앞길을 개척해 나가기 위해 열심히 노력한다. 단지 부모라는 이유로 자식의 진로(進路)를 함부로 결정해서는 안 될 것 같다.

적정(適正) 결혼시기(結婚時期)

내가 32년 다녔던 금융감독원(金融監督院)에서 퇴직을 결심하자 아내는 큰 딸 은지를 결혼(結婚) 시키지 못한 것을 아쉬워했다. 부모님은 입사(入社) 전에 돌아가셨고, 처(妻) 부모님은 생존(生存)에 계시기에 다른 사람의 경조사(慶弔事)를 챙겼을 뿐, 대사(大事)를 한 번도 치르지 못하고 퇴직하게 되니 아내 입장에선 서운할 만도 했다.

직장(職場)에 있을 때와 나왔을 때 차이가 많다고 여러 선배들로부터 들은 바 있어서 나도 은지가 결혼을 빨리 했으면 했지만 그건 우리의 바람일 뿐이었다. 그러다가 내가 금감원을 나와 바깥세상을 경험하고 있는 중에 은지의 결혼 얘기가 나왔다.

은지는 대학을 다니면서 남자를 사귀지는 않았으나, 회사에 다니면서 주변의 소개로 남자를 두세 번 만난 적이 있었다. 명문대 출신의 안정적인 직업을 가진 남자들이어서 괜찮다 싶었는데, 몇 번 만나더니 '느낌이 없다'거나 '집착이 심하다'는 이유 등으로 헤어지고 말았다.

아내와 장모님은 '어떻게 결혼하려고 그러는지 세상 물정(物情) 모른다'며 안타까워 했었다. 그리고 한 참을 지난 어느 날, 아침을 먹는데 아내가 '은지가 사귀는 사람이 있는 것 같다'고 했다. 아내가 "사귀는 사람 없니?"하고 물으니 "아빠 엄마가 눈만 낮추면 지금이라도 시집갈 수 있는데"라고 대답하더라는 것이다.

그 소리를 아내에게 들은 내가 남자친구를 한번 보자고 은지한테 요청해서, 며칠 후 아내랑 같이 넷이서 점심을 먹게 되었다. 남자친구 S의 첫인상은 앳되고 착하지만 고집(固執)은 있어 보였다. 결혼 전 나를 처음 본 처(妻) 할머니께서도 '고집이 있겠다'고 말씀하셨었다. 대학에서 컴퓨터공학을 전공하고 졸업반인 S는 '공기업이나 대기업에 취직할 수는 있지만 사업을 한번 해보고 싶어 창업(創業)을 했다'고 했다. 나는 기꺼이 잘 했다고 격려해 주었다.

우리나라 젊은이들이 안정적인 공기업(公企業)이나 대기업(大企業) 취업만을 고집하는데 그쪽도 좋지만 젊었을 때 창업을 해 도전(挑戰)해 보는 것이 더 바람직하다는 생각이다. 젊은 패기(覇氣)로 무슨 분야든지 부딪혀 볼 수 있고, 설령 실패하더라도 상처(damage)가 크지 않아 다시 시작할 수 있다.

오히려 젊어서의 실패는 인생을 살아가는 자신에게 좋은 자산(資産)이 될 수도 있다. 그런데 대부분이 공무원이나 공기업, 대기업과 같은 안정된 직장에 들어가 안주(安住)하기를 원한다.

그러다 40대 후반이나 50대 초에 명퇴(名退)하고 나와서 창업을 하는 경우가 있는데, 그때는 창업을 해서 성공(成功)할 확률이 젊었을 때보다 높다는 보장(保障)도 없을뿐더러 실패하면 다시 일어나기 어려운 큰 상처를 입게 된다.

특히 가정을 꾸려 애들이 고등학교나 대학을 다닐 무렵으로 돈이 가장 많이 들어갈 시기에 가장(家長)의 사업실패는 가족 모두에게 큰 부담(負擔)을 주게 된다. S는 대학졸업도 하기 전에 창업(創業)을 하여 확고한 신념(信念)을 갖고 있는 것 같아서 맘에 들었다.

은지보다 두 살 아래인 S가 빨리 결혼하고 싶다고 해서 내가 청(請)해서 양가 상견례(相見禮)를 하게 되었다. 만나서 인사를 나누자 사돈인 S의 아버지가 "이제 사업을 시작해서 쪽박을 찰지도 모르는데 딸을 주시겠습니까?"고 물었다.

나는 "둘이 몸과 마음이 건강(健康)하고 서로에게 믿음만 있으면 충분히 살아갈 수 있다고 생각합니다."고 대답했다. 그리고 "둘이 좋아하고 결혼하고 싶어 하니 맺어 줍시다. 대신 우리도 방 얻는데 보텔 테니 결혼식은 간소하니 하고 애들 부담 덜어 줍시다"고 제안했고 사돈도 흔쾌히 수락했다.

아내는 S가 사업을 시작한 지 얼마 되지 않았고 은지도 회사를 그만뒀는데 결혼을 너무 서두르는 게 아니냐며 걱정을 많이 했다. 그러나 나는 본인들이 원할 때 결혼을 시키고 싶었다.

그렇게 준비해서 2016년 11월 어느 토요일 낮에 은지와 S는 금감원 강당에서 결혼식을 올리게 되었다. 그 당시 주말이면 대통령 탄핵(彈劾)을 요구하는 촛불이 광화문 광장을 메우던 때라, 현직 경찰이던 사돈(查頓)은 결혼식 당일도 비상근무라서 하객들이 많이 못 올 거라며 걱정을 많이 했다.

일기예보에 비가 온다고 해서 나 역시 손님들이 많이 올 수 있을까 걱정했다. 예보와 달리 결혼식 1시간 전부터 첫눈이 내리기 시작했는데 다행히 춥지는 않았다. 처음엔 뜸 하던 손님들이 예식(禮式)이 가까워질 무렵 몰리기 시작하여, 신부측 식권(食券)이 바닥나고 일부 뷔페 음식이

동이 날 정도로 예상보다 많은 하객(賀客)들이 찾아와 주셨다. 그분들의 축하 속에서 큰 딸 은지의 결혼식을 잘 마칠 수 있어서 그저 감사할 따름이었다.

 남들은 딸을 시집보낼 때 서운해서 운다고 하는데, 나는 전혀 서운하지도 않았고 눈물이 나지도 않았다. 오히려 첫 아들을 잃고 어렵게 얻은 은지가 성장하여 제 짝을 찾아가도록 결혼을 시켰으니 부모님이 일찍 돌아가신 후, '내 애들은 결혼할 때까지 책임을 지겠다'고 내 스스로에게 했던 다짐을 지킨 것 같아 뿌듯했다. 지금은 둘이 각자의 위치에서 열심히 살아가고 있으니 고마울 뿐이다. 이제는 아내도 그때 결혼시키기를 참 잘했다고 얘기한다. 모든 건 때(timing)가 있듯이 결혼도 적정(適正) 시기(時期)가 있는 것 같다.

다른 DNA

사위 S는 특별한 DNA가 있다. 결혼식을 준비하는 과정에서 양가 어른들과 저녁을 먹는 자리가 있었다. 강남의 중국집에서 담소(談笑)를 나누며 요리를 다 먹을 즈음, S가 가방에서 A4용지 두 장짜리 서류를 꺼내 나눠줬다.

'이게 뭐지?'하고 의아해서 보는데 '결혼 후 재무계획'이라는 제목아래 결혼하면 살아갈 생활비 조달 방안 등이 꼼꼼하게 적혀 있었다. S는 사업을 시작한지 얼마 되지 않았고, 은지도 회사를 그만뒀기에 양가 부모들이 결혼 후 어떻게 살아갈지 걱정하는 것 같아서 먹고 살 방법을 적어 놓은 것이라고 했다.

S가 그간 회사에서 월급(月給)을 제대로 가져가지 못했는데 결혼하면 얼마간 월급을 가져갈 것이고, 은지도 독서동아리를 관리하면 용돈 정

도는 벌 수 있기에 둘이 살아갈 수 있으니 너무 걱정 말라는 친절한 설명까지 해 주었다. 만약 창업한지 3년 후에도 기반(基盤)을 잡지 못하면 사업을 접고 취직하겠다는 다짐까지 덧붙였다. 나는 내용을 더 보지도 않고 "그래 그런 정신으로 살면 된다"고 격려해 주었다. 그런 생각을 할 수 있다는 S가 대견했다.

결혼 당시 S는 역삼역 근처의 오피스텔에서 사업을 하고 있었기에 신혼집도 역삼역 근처에서 얻기로 했다. 물론, 집 알아보는 것부터 계약서 쓰는 것, 계약금, 중도금, 잔금 지불까지 모두 둘이서 알아서 하도록 하고 일체(一切) 관여하지 않았다.

결혼 전 미리 집을 구해야 해서, 2016년 8월 중순부터 퇴근 후와 주말을 이용해서 S와 은지가 발품을 팔며 돌아다니더니 결국 예산에 맞춰 결혼 2달 전인 9월 하순 입주 가능한 연립주택의 3층 방 두 칸짜리를 전세로 얻게 되었다. 가서 보니, 다른 사람들이 살았던 곳이라 도배 및 장판을 새로 해야 하고 천장과 벽 일부는 수리를 해야 할 것 같았다.

얼마 지난 후 집 수리를 어떻게 하고 있는지 은지에게 묻자, "응, S씨가 S페인트 회사에 가서 페인트칠하는 법을 배워 와서 주말에 친구들하고 페인트칠하고 도배도 직접 하고 있어요"라고 대답했다.

나는 역시 S답다고 생각했다. 대부분의 사람들은 도배와 페인트칠은 으레 전문가에게 맡겨야 한다고 생각하는데, 직접 배워서 할 생각을 하다니 얼마나 기특(奇特)한가!

결혼을 1주일 앞둔 2016년 11월 중순, S가 회사 홍보를 위해 일산 킨텍스(KINTEX)에서 열리는 중소기업박람회에 참가한다고 했다. '윙잇(Wing Eat)'이라는 간편식품 쇼핑몰을 창업한지 채 2년이 안 된 때였다.

'대구막창 같은 싸고 맛있는 음식을 막창집까지 가지 않고 집에서 먹을 수 없을까?'라는 생각에서 출발하여, 그런 음식들을 소비자가 집에서 시켜 먹을 수 있는 인터넷 플랫폼(internet platform)을 만든 것이다. 먼저 대구막창을 맛있게 하는 집에 찾아가서 인터넷으로 주문을 하면 집에서 바로 해 먹을 수 있도록 초벌구이를 해서 보내 줄 수 있는지 알아보고, 협의가 되면 윙잇 홈페이지에 사진과 함께 레시피를 올려서 소비자들이 보고 구매할 수 있도록 하는 것이다.

혼밥, 혼술족이 늘어나는 시기에 아이템을 잘 선정했다는 생각이 들었다. 그러나 이를 알리기 위한 홍보(弘報)가 문제였다. 중소업체의 여러 제품을 홈페이지에 올려 놓았는데 소비자들이 알지 못하면 무용지물(無用之物)이다. 그렇다고 대기업처럼 돈이 많이 드는 방송이나 신문광고를 할 수도 없다. 그래서 박람회에 직접 가서 제품을 팔면서 윙잇도 알리겠다는 생각으로 참가하겠다는 것이었다.

나는 어떻게 하는지 궁금해서 박람회 마지막 날 직접 가봤다. 기존(旣存)의 여느 중소기업박람회처럼, 중년(中年)의 사장님들이 앉아서 커피를 마시거나 일부는 지나가는 행인들을 향해 호객(呼客) 행위를 하는 몇 개의 부스(booth)를 지나자 윙잇의 부스가 있었다.

그런데 여느 부스와는 달리 "윙윗"이라고 새긴 하얀 티셔츠를 입은 젊은 남녀 여섯 명이 분주하게 각자의 일을 하고 있었다. 한쪽에서는 순대를 삶는 솥에서 김이 모락모락 나고, 그 옆에는 빨간 양념의 떡볶이가 들어있는 큰 냄비를 젊은 직원이 주걱으로 젓고 있었다.

오전 11시경이었지만 간간이 떡볶이와 순대를 사려는 사람들이 들렀다. 은지와 S가 다른 직원들과 함께 즐겁게 일하는 모습 또한 보기 좋았다. S의 얘기를 들으니 벌써 장사 노하우(knowhow)를 터득한듯싶었다.

그냥 팩에 담긴 제품만을 팔기 보다는 현장에서 직접 순대를 삶고 떡볶이를 버무리니 특유의 냄새가 관람객들을 끌게 되고, 손님들이 와서 먹어보고 포장된 제품을 사가기도 하며, 쇼핑몰을 알리는 팻말을 세워 놓고 홈페이지에 회원으로 가입하면 5000원 현금 포인트를 지급한다고 알리니 고객들이 사진을 찍어간다는 것이다.

첫날, 떡볶이를 만드는데 시식을 하겠다는 분들이 있어서 대형마트처럼 시식을 하도록 했더니 시식만 하고 그냥 가더란다. 그래서 시식을 없애고 종이컵에 떡볶이를 담아 한 컵에 1,000 원씩에 팔았더니 그걸 사려고 줄을 서고 그걸 먹으면서 다른 곳 돌아다니다 다시 와서 포장된 팩 제품을 사 가더라는 것이다.

그렇게 사흘 동안 준비한 떡볶이와 순대를 모두 팔았으니 쇼핑몰을 알리는 결정적인 계기가 되었다. 홍보한 효과가 나타나는 데는 그리 오랜 시간이 필요 없었다.

박람회 1주일 후 결혼식을 올리고 유럽으로 신혼여행을 떠났던 12월 초 은지한테 카카오톡 메시지가 왔다. "아빠 오늘 윙잇 하루 최고 매출 올렸데요!", "그래 얼마나 올렸는데?", "천 삼백만 원이요", "정말 잘 됐구나! 그간 고생한 보람이 있구나". 그렇게 그해 12월은 5억여 원의 매출을 올렸고 이후 꾸준히 매출이 늘어나 직원도 늘리고 사무실을 큰 곳으로 옮기지 않으면 안 되었다.

마침 역삼역 근처에 신축하는 꼬마빌딩 3층 45평을 얻어서 15평은 윙잇사무실, 25평은 독서동아리를 위한 북카페(book cafe)를 차렸다. 그러다 윙잇은 사세가 더 커지면서 다시 큰 사무실로 이전하였다.

내려놓기

부모의 가장 큰 고민을 들라고 하면 아마 애들 훈육(訓育)일 것이다. 특히 딸들의 경우 밤 늦게까지 집에 들어오지 않으면 대부분의 부모들이 걱정하고 잠을 이루지 못한다. 큰 딸 은지는 대학교 다닐 때 크게 말썽 한번 안 피우고 집에도 일찍 들어왔으나, 취직을 하고서는 야근(夜勤)도 하게 되고 친구들과 만나거나 회사에서 회식을 하다가 늦는 경우가 종종 있었다. 그때마다 왜 연락이 없는지, 언제 들어오는지, 전화를 하게 되고, 연락이 되지 않으면 아내와 같이 잠을 못 이루고 기다려야 했다. 시집을 보내고 나서 비로소 신경 쓰지 않게 되었다.

둘째 해정이는 수시전형으로 K대 수학과에 들어갔다. 대학 2년을 다니더니 수학이 적성(適性)에 안 맞는 것 같다며 영문과로 전과(轉科)를 하고 싶다고 했다. 이과(理科)에서 갑자기 문과(文科)로 전과를 한다고 하니 다소 의외였고 쉽지 않은 일이라 생각했지만, 본인이 하고 싶다고 해서 굳이 말리지 않았다. 1년을 휴학(休學)하고 공부하더니 영문학과(英文學科)로 전과를 했고 영문학이 적성에도 맞는 것 같다고 좋아했다.

친구랑 자취하다 가끔 집에 들르긴 했지만 말을 많이 하는 성격이 아니고 자신의 속내를 잘 드러내지 않는 편이어서 학교에서 공부만 하는 줄 알았다. 어느 순간 '댄스동아리' 활동을 한다는 사실을 알았을 때도 그저 대학생들이 취미로 하는 동아리 활동 정도로 생각했다. 4학년 올라갈 무렵 졸업 후 진로(進路)에 대해 묻자, 외국계 회사나 항공사 승무원 얘기를 해서 그런 줄 알았다. 그런데 졸업이 다가와도 취직(就職)할 생각을 하지 않는 것이었다.

그러던 어느 날 교수님이 대학원 진학을 권유해서 고민된다고 했다. 나와 아내는 뒷바라지를 할 생각에 조금은 당황했지만 그렇다고 본인이 원하면 반대할 수만은 없었다. 나는 '대학원만 진학해서 될 문제가 아니고 공부를 계속하려면 박사과정(博士課程)까지 해야 하는데 그러려면 시간도 많이 걸리고, 학문을 한다는 게 쉽지 않은 일이니 그것을 감당(堪當)할 수 있을지 잘 생각해서 판단하라'고 조언했다.

해정이도 '자신이 감당할 수 있을지 좀 더 진지하게 생각해 보고 싶다'며 또 한 학기 휴학했다. 그렇게 6개월을 쉬고는 대학원을 가지 않고 졸업을 하게 됐는데, 취직할 생각을 하지 않았다.

졸업식이 끝나고 아내와 셋이서 점심을 먹으면서 '졸업했으니 더 이상 경제적 지원은 하지 않겠다'고 했고, 해정이도 스스로 알아서 살겠다고 하면서 중계동에 있는 영어 유치원에 취직했다고 했다.

월요일부터 목요일까지 매일 오후 3시면 끝나는 비정규직인데, 대학 때부터 했던 댄스동아리 활동을 계속하기 위해서 "9 to 6"시스템의 정규직에는 취직할 생각이 없고 가능한 짧은 시간 알바를 하는 것 같았다. 그제서야 해정이가 속한 댄스동아리가 매년 9월 천안에서 열리는 전국 춤대회에 출전하여 입상을 할 정도로 전문적인 댄스팀이라는 사실을 알게 되었다.

이후 대학교 조교, 영재학원 교사, 커피숍 알바 등을 거쳐 언니가 운영하는 북 카페에서도 알바를 했다. 지금은 10시부터 5시까지 근무하는 집에서 멀지 않은 회사에 취직하여 다니고 있다.

해정이는 대학 입학 후 기숙사 생활을 했고, 6개월 후 기숙사에서 나와서는 지방에서 올라온 친구와 학교 앞에서 자취를 하고 싶다고 해서 그러라고 했다. 대학 졸업 후에도 한동안 친구랑 같이 자취하다가 얼마 지나지 않아 집으로 들어왔다.

그리고 지난 해 여름, '왔다 갔다 하는 게 너무 힘들어서 같이 동아리 하는 언니들과 연습실 근처에 방을 얻어서 지내겠다'며 짐을 챙겨 나갔다가 코로나19로 댄스동아리 모임도 할 수 없게 되었는지 올 봄에 다시 집으로 들어 왔다.

가끔은 동아리 친구들과 댄스 연습을 하며 밤을 새우고 오기도 하지만 그렇다고 나와 아내가 잠을 못 자고 기다리지 않는다.

그래도 엇나가지 않고 스스로 알아서 살아가는 것이 대견하고 오히려 자립심(自立心)을 키워주는 것 같다. 은지와 달리 남자를 만나거나 사귄 적이 없는지 아니면 얘기를 안 하는지 자세히 알 수는 없지만, 결혼을 하지 않고 혼자 살겠다고 한다.

그 또한 자신의 인생이니 나와 아내는 강요(强要)하지 않는다. 내가 경험하면서 깨달은 사실은 어차피 인생(人生)은 스스로의 선택에 따라 혼자서 살아가야 한다는 것이다.

결혼하고 가족이 있더라도 때로는 혼자 선택해야 할 때가 있다. 나와 아내는 가족으로서 해정이가 올바른 선택을 하도록 도와주는 역할 밖에 할 수가 없다. 인생을 살아가는데 정답(正答)이 없는 것처럼 애들 훈육(訓育)도 그런 것 같다.

내 집 마련

1985년 11월 결혼하면서 옥수동(玉水洞)에서 복덕방을 하시던 친구 매형의 주선으로 신혼집을 금호역(金湖驛) 근처에 보증금 550만 원에 월 10만 원의 월세(月貰)로 얻었다. 그리고 1년 6개월쯤 지난 1987년 봄, 회사 옆자리에 앉은 여직원 J가 상계동(上溪洞) 주공아파트를 분양하는데 같이 신청해 보자고 했다. 나는 주택청약저축통장(住宅請約貯蓄通帳)도 없는데 당첨이 되겠느냐며 거절했다.

그런데 '1, 2순위가 미달 되었고 오늘 3순위 청약이라서 청약통장 없어도 단돈 100만 원만 있으면 청약이 가능하다'고 했다. 이런 기회 아니면 돈 없는 사람들 내 집 마련하기 힘들다면서 자기도 청약하려고 하니 같이 가자고 강요(强要)하다시피 이끌었다. 3순위 청약이면 사람들이 많이 몰려서 청약을 해도 당첨된다는 보장이 없었지만 나 역시 내

집 마련이 요원(遙遠)할 것임을 알고 있던 터라 '밑져봐야 본전(本錢)'이라는 생각에 점심을 먹고 J와 함께 각자 100만원을 준비해서 지하철로 잠실종합운동장역으로 갔다. 상계동 주공아파트 13단지를 분양하고 있었는데 17평부터 24평까지 여러 유형의 단지가 있었다. 평형별 아파트 설계도 등을 살펴본 다음, 그 중에서도 세대수가 많은 17평의 한 타입(type)을 신청했다.

다음 날 청약결과가 신문에 나왔는데 우리가 신청한 평형은 신청자 미달(未達)로 둘 다 당첨(當籤)되는 행운을 안게 되었다. 그렇게 졸지(猝地)에 주공아파트에 당첨이 되었고, 그때 분양가가 1,900여만 원 정도였는데, 은행에서 융자를 1,300여만 원 정도 해줘서 월세보증금에 조금 보태 내 집을 쉽게 마련하게 된 것이다. 그렇게 해서 1989년 4월 내 명의(名義)의 집에 입주(入住)를 하였다.

그러나 매사 일희일비(一喜一悲) 할 일이 아니라는 것을 나중에야 깨달았다. 그때 만약 내가 상계동에 들어가지 않았으면 아마 또 다른 방법으로 다른 곳에 집을 마련했을지도 모를 일이다. 둘째 해정이가 태어나면서 집이 좁다는 생각이 들어서 은지가 초등학교에 들어갈 무렵 그 13단지 주공아파트를 팔고 주공 12단지 아파트 25평으로 이사를 가게 되었고 이후 다시 주공 16단지 아파트에서 살게 되었다.

그렇게 상계동에서 살던 1994년 회사 선배가 번동 드림랜드(현 북서울

꿈의 숲) 뒤편 산 밑에 주택조합(住宅組合)을 하는데 같이 하자고 했다. 역시 청약통장 없이 가능하고 경복궁역 부근에 있던 회사에서도 가깝다며 권했다.

상계동에서 조금이라도 나와야 한다는 생각에 회사 직원 4명이서 그 주택조합에 참여(參與)하게 되었다. 주택조합도 조합장(組合長)이 사고를 내거나 예견하지 못한 각종 민원으로 인하여 시간이 많이 걸리는 경우가 있는데, 다행히 금방 착공에 들어가서 문제가 없는 것 같았다. 그런데 골조가 다 올라갈 무렵인 1997년 말 외환위기(外換危機)로 인한 건설회사들의 연쇄 부도 사태에 시공사인 S건설도 비껴가지 못하고 공사가 중단되고 말았다.

우여곡절(迂餘曲折) 끝에 조합에서 시공사를 다시 선정하고 일부 추가 부담을 하면서 겨우 공사를 마무리할 수 있었다. 결국 1년 정도 늦어진 1999년 6월 번동 S아파트가 완공되어 상계동에서 번동으로 이사를 하게 되었다. 그 전에 서울시에 근무하던 고향 선배가 목동(木洞) 시영아파트를 분양한다고 권하였으나, '거기까지 뭣하러 가냐'며 거절했던 기억이 있다.

아직 목동이 아파트 형성이 안 될 때였고 미분양(未分讓)으로 서울시에서 여러 경로를 통해서 홍보했던 기억이 나는데, 그때 목동으로 가지 않고 번동(樊洞)으로 간 것이 오늘날 많은 차이를 보여주고 있다. 아마 증권감독원(證券監督院)처럼 여의도에 건물이 있었으면 당연히 목동으로 갔을 텐데, 경복궁 근처에 있었던 회사의 위치도 꽤나 중요한 것 같다.

번동에서 10년 넘게 살고 있을 즈음, 은지가 취직을 하여 을지로에서 근무를 하였는데, 저녁에 야근(夜勤)을 하거나 회식(會食)을 하여 늦게 끝나는 날이면 버스가 끊기고 택시도 잘 가지 않으려고 해서 울면서 전화를 한 적이 몇 번 있었다.

특히 비오는 날이면 더욱 곤란한 상황이 발생하곤 했다. 그래서 '내가 너무 생각 없이 살았구나' 하는 자각(自覺)과 함께 애들을 위해서 시내로 집을 이사해야 겠다는 생각을 하게 되었다. 문제는 집이 팔려야 이사를 할 수가 있는데 집을 내놔도 거래가 없어 집이 팔리지 않았다.

그러다 2012년 9월 어느 토요일, 지인(知人)들과 운동 갔다가 집으로 돌아오는 길인데, 집을 사고자 하는 사람이 있다며 집 앞 부동산에서 전화가 왔다.

나는 계약이 될 거라고는 생각하지 못하고 7시쯤 도착하자마자 부동산에 들렀는데, 젊은 부부가 기다리고 있었다. 자기들도 '우리와 같은 아파트에 전세 사는데 집주인이 집을 빼 달라고 하여 아예 살 생각을 하고 있다'면서 적극적인 의사표시를 했다.

그렇게 집이 팔리자, 서울시내 역세권 아파트를 찾아다닌 끝에 내 직장인 여의도로 5호선 전철이 연결되고 시내 가까우면서 지하철 행당역(杏堂驛)과 인접한 현재의 D아파트를 구하여 2012년 10월 이사를 했다.

정말 교통이 편리해서 아내하고 애들이 내가 한일 중에 가장 잘한 일이라고 만족(滿足)해 한다. 그 후 내가 금감원을 퇴직하고 재직하게 된 농협생명은 5호선 서대문역, 코리안리는 5호선 광화문역 근처에 있으니 내가 그때 5호선 역세권으로 이사 온 것은 탁월한 선택이었던 것 같다.

2016년 2월 고향 선후배들 모임에서 상도동에서 지역주택 아파트를 시행중인 K선배가 모집조합원으로 참여할 수 있도록 기회를 주셨다. 2001년 3만여 평의 토지를 확보한 후 1차로 2004년 1,200여 세대를 지역주택과 일반분양을 완료하였고, 2차로 시행하는 지역주택 조합원으로 참여하게 된 것이다.

서울시에서 6개월 이상 거주한 세대주(世帶主)로서 무주택이거나 국민주택(전용면적 85㎡이하)을 소유한 1주택자이면 가능하다고 했다. 일반적인 주택조합이면 가입을 신중하게 판단해야겠지만, 이미 사업부지 토지를 소유하고 있었고, 그 선배에 대한 신뢰(信賴)에 몇몇 친구와 후배들과 함께 가입하기로 결정하고, 주민등록초본 등으로 자격(資格) 확인 후 조합에 가입신청을 했다.

그리고 얼마 지나지 않아, 지역 농협에서 부동산 담보대출을 받고 싶은데 신용이 안돼서 어렵다는 후배 J를 위해 나의 주소를 광주광역시로 옮겼다가 1개월도 안 돼 다시 서울로 이전하였다.

얼마 후 주택조합에서 조합원 자격 확인서류를 다시 제출해 달라고 하더니, 나는 세대주도 아니고 서울 거주 6개월이 안 되어 자격이 안 된다고 했다. 별다른 생각 없이 신용(信用)이 안 된다는 J를 도와주기 위해

명의를 빌려줬다가 큰 낭패(狼狽)를 보게 된 것이다. 그런데 다행히 세대주인 아내는 가능하다고 했다. 결국 아내 명의(名義)로 주택조합에 가입하여 2018년 6월 33평을 분양받았다. 아내는 자기 명의로 집이 생겼다며 내심 좋아했다.

그리고 2019년 12월 중도금 납부 등을 위해 현재 살고 있는 행당동 아파트를 팔고 전세를 살고 있다. 아내는 행당동이 교통이 좋다며 아쉬워했으나, 현재의 아파트가 지은 지 20년이 지났고 어차피 중도금 납부를 위한 자금도 부족하여 2021년 2월 새 아파트 입주 시까지 거주하는 조건으로 집을 매각(賣却)하게 되었다.

주례(主禮)

2012년 초, 광주의 절친 J가 딸이 결혼을 하게 되었다면서 나한테 주례(主禮)를 부탁했다. 난 주례를 본 경험이 없고, 아직은 젊으니 경륜(經綸)이 풍부한 사회 지도층(指導層) 인사를 알아보라고 거절했다.

J는 자기 처(妻)가 '친구 중에 제일 출세(出世)한 사람이 나라고 했다'면서 주례를 구하기 쉽지 않다고 했다. 친구 부부의 연애시절부터 잘 아는 사이라서 듣기 좋으라고 한 말인 줄 알기에, 다시 한번 알아보고 주례가 없어서 결혼을 못할 정도면 그때 가서 생각해 보자고 했다.

그로부터 한 달이 지나서 어떻게 됐느냐고 물었더니, 다른 대책(對策)이 없고 친구 딸도 내가 주례 본다고 좋아했다는 것이었다. 그리하여 졸지(猝地)에 친구 딸 결혼식 주례를 보게 되었다. 인터넷에 올라 온 주례사(主禮辭)와 내가 그 동안 다른 결혼식에서 들은 주례사를 참고해서 주례사를 작성했다. 주례사가 너무 길면 결혼식이 지루하게 느껴짐을 알고 있었기에 5분 내외로 짧고 간결(簡潔)하게 준비했다.

그리하여 2012년 10월 13일, 광주 S예식장에서 난생 처음 주례를 보게 되었다. 처음엔 다소 긴장되었으나, 그 동안 방송(放送)과 강의(講義)를 많이 해 본 덕분에 금세 안정(安定)을 되찾고 결혼식을 무사히 마칠 수 있었다.

그리고 2개월쯤 지난 12월 초, 아침 신문을 가지고 국장실에 들어 온 신입직원 L이 내게 결혼식 날짜를 잡았다고 했다. 나는 축하한다고 악수를 건네며 언제냐고 물었더니 2013년 1월 26일, 금감원 강당에서 한다고 했다.

그러더니, 조심스레 나한테 주례를 봐 달라고 했다. 내가 광주 가서 주례를 본 것을 듣고 하는 말 같았는데, 결혼식 장소가 회사 대강당이니 직원들이 많이 올 것이어서 더욱 부담스러웠다. L을 소파에 앉힌 후 신부 직업을 물으니 초등학교 선생님이라고 했다. 나는 '교장선생님이나 대학 때 은사님도 계실 텐데 그 분들께 주례를 부탁하는 것이 맞는 것 같다. 나는 임원도 아닌 국장인데 좀 그렇지 않겠냐'며 정중히 거절하였다. 그러면서 좀 더 알아보라고 했다.

그리고 2주일 쯤 지나서 아침에 만난 L이 다시 주례 얘기를 했다. 지자체 고위 공무원인 '아버지께서도 내가 해 줬으면 좋겠다고 하셨다'면

서 다른 대책이 없다고 했다. 교장선생님도 어렵고, 대학 때 은사님 중에 주례를 부탁할 정도로 가까운 분이 없다고 했다. 내가 결혼할 때는 대학 은사님이 광주에서 목포까지 내려 오셔서 주례를 봐 주셨는데, 요즘은 교수님들과의 관계가 그때와 많이 다른 것 같았다.

달리 방법이 없다고 해서 난감했지만 이미 한 차례 주례를 선 사실을 알고 있는데 계속 거절하기도 어려웠다. 그래서 좀 더 알아보고 주례가 없어서 결혼식을 못한다면 그때 다시 상의(相議)하기로 하고, 내가 점심 살 테니 방학하면 신부를 한번 보자고 했다.

12월 하순 L과 담당 팀장, 예비 신부랑 같이 점심을 먹게 되었다. 처음 본 예비 신부는 L만큼이나 얌전하고 착해 보였는데, 인사를 나누자 예쁜 편지봉투를 내게 건넸다. 펼쳐 보니 "L의 아내 될 사람입니다. 결혼하면 L을 위해 열심히 내조하며 잘 살 테니 주례를 봐 주십시오!"라고 진정성(眞正性)을 느낄 수 있는 손 편지가 들어 있었다.

더는 거절할 수가 없었다. 결국 2013년 1월 26일 금감원 강당에서 많은 직원(職員)들과 하객(賀客)들이 지켜보는 가운데 나는 두 번째 주례를 보게 되었다. L은 이후 애를 낳을 때마다 내게 전화를 해서 진심으로 고맙다고 한다. 지금도 가끔 연락하면서 안부를 전해 오는데, 내가 주례를 본 덕분에 결혼 후 잘 살고 있는 것 같아 뿌듯하다.

그 후에도 사무실 여직원, 집안 조카, 친구 아들 결혼식 때 가끔 주례를 봤는데, 나를 필요(必要)로 하는 사람들에게 내가 쓰임이 있고 그분들에게 도움이 된다면, 당연(當然)히 해야 할 일이라 생각한다. 살면서 주변에서 많은 도움을 받았던 내가 남을 위해 할 수 있는 일이 있다면 그 또한 감사(感謝)한 일이니까.

보험법(保險法)

1998년, 보험을 체계적으로 공부해야 할 필요성을 느끼고 더 늦기 전에 대학원(大學院)에 진학하기로 마음먹고, 평소 알고 지내던 연세대학교 법과대학의 K교수님께 상의 드렸더니 경희대학교의 국제법무(國際法務)대학원을 추천해 주셨다.

그 당시 대부분의 대학원에서는 경제학과나 경영학과에서 "보험전공"으로 운영하였는데, 경희대 국제법무대학원에는 "보험해상법무학과"가 생겨서 보험법을 공부할 수 있으니 거기가 낫다고 하셨다. 나도 평소 보험계약은 상법에 근간을 두고 있고 보험약관의 내용도 법과 관련이 많은데 학부에서 법학을 제대로 공부하지 않아서 기꺼이 경희대 국제법무대학원에 진학을 했다. 마침 보험연수원에 근무할 때 강사로 모셨던 J교수님께서 주임교수로 계셨다. 서울대학교 Y교수님, 연세대학교 K교수님, 성균관대학교 J교수님 등 보험학계의 저명한 교수님들께서 강의를 해 주셨고, 보험 전문 변호사와 해운회사에 근무하는 해상보험 전문가들이 나와서 실무 강의를 해 주셨는데, 정말로 유익한 강의들이어서 거의 빠지지 않고 들었다.

대학원 졸업논문(卒業論文)은 내가 평소에 업무를 하면서 관심을 가졌던 자동차보험의 보상시스템에 대해 썼다. 내가 방송에서 상담을 하고 분쟁조정 업무를 오래 하다 보니 유독 자동차보험 관련 민원이 많았는데, 그중에서도 자동차보험 보상관련 민원이 대부분이었다.

자동차보험 약관상 보험금 지급기준이 법원 판결금보다는 낮은데 그렇다고 법원 판결금처럼 많이 올리면 그 만큼 가입자들의 보험료 부담이 커져서 쉽지 않다. 보험료 인상으로 인하여 보험가입률이 떨어지면 그로 인한 피해는 고스란히 선량한 국민들이 입게 된다.

한편, 자동차보험 피해자들에 대한 보험금 지급시 보험약관상 지급기준으로 합의가 안 될 경우 보험회사에서는 법원 판결금을 감안하여 피해자들과 합의절충을 하게 되는데 여기서 "특인(特認)"이라는 제도를 활용하게 된다. 즉, 예상 법원판결금을 산정한 후 그 금액의 60~90%에서 당사자간 합의하는 것이다. 그러다 보니 회사마다 예상판결금액이 차이가 날 수 있고, 회사 내에서도 담당자에 따라 특인 금액이 달라질 수 있어서 선량한 소비자들이 피해를 입을 수 있다. 자동치보험을 파는 손해보험회사들이 자동차보험 표준약관에 일부 특약만을 추가하여 판매하는데 동일한 조건에서도 보상금액이 다르면 소비자들이 쉽게 이해하기 어렵다. 또한 자동차사고로 피해를 입고 입원해 있는데, 회사별 보상직원 수(數)의 차이로 인하여 담당 직원의 병원 방문회수가 다르고 서비스가 다르다면 소비자들의 불만이 생길 수밖에 없다. 이런 문제점을 해결하기 위해서 자동차보험 보상시스템을 하나로 통합하면 좋겠다는 생각을 했다.

가칭 "한국손해사정원"을 설립하여 손해보험회사의 보상업무를 전담하도록 하는 것이다. 그리고 독립 손해사정법인이나 개인 손해사정사들도 함께 손해사정 업무를 할 수 있도록 개방(開放)하는 것이다.
마치 한국감정원이 있고 감정평가 법인과 개인이 병존하고 있는 구조와 같다. 현재는 제주도에 자동차보험을 판매하는 10개 회사의 보상팀이 있어서 10명의 담당자가 한 병원을 들락거려야 하는데, 그럴 필요 없이 1개의 보상팀에서 전 보험회사 피해자를 관리하면 된다. 병원별 1명의 전담 보상직원이 피해자 관리를 하게 되면 관리도 용이하고 회사별 차별 없이 질 좋은 서비스가 가능하며, 보험회사와는 독립된 곳에서 객관적인 보상처리를 하니 소비자 불만도 줄어들 것이다. 각 보험사의 보상사무소 운영비용, 보상인력 등을 감안할 때 통합 운영시 비용절감 효과가 상당함을 알 수 있었다.
만성적인 적자에 시달리는 자동차보험의 경영 개선에 도움이 되고, 민원 예방에도 도움이 될 것이라며 대부분의 보험업계 보상부장들도 찬성하였으나, 보상서비스로 차별화 하겠다는 일부 회사의 반대로 추진하지는 못했다.

사실 동 논문과 유사한 내용으로 먼저 보험감독원의 사내 제안(提案)을 한 적이 있었는데 채택되지 못하여 안타까웠다. 그러나 나의 대학원 졸업논문은 교수님들로부터 참신한 내용이라며 우수(優秀) 논문으로 채택되어 발표할 수 있는 기회까지 가졌다. 그때의 인연으로 2001년 대학원을 졸업하고도 교수님들과는 꾸준히 교류하며 지낸다.

1996년 발족한 "보험법연구회"가 2006년 법무부의 허가를 받아 "사단법인 한국보험법학회(이하 "보험법학회")로 출범하였다. 대학원에서 강의를 하셨던 교수님들과 보험법 관련 전국 각 대학의 교수, 보험 관련 변호사 및 보험업계 임원 등이 회원으로 참여하고 있다.

매월 마지막 주 월요일 저녁 코리안리빌딩 3층에서 보험관련 주제발표와 토론을 하고, 봄, 가을에는 각 대학을 순방하면서 세미나도 갖는다. 나도 금감원을 나온 후, 2017년부터 보험법학회의 이사로 꾸준히 참여하고 있다.

보험관련 핫 이슈와 법원판례를 중심으로 회원들의 발표와 열띤 토론이 이루어지고 있어서, 참여하면 시의적절한 정보와 보험 관련 지식을 습득할 수 있어 보람 있다. 더하여, 오랜 인연을 맺어온 보험법학회 회장을 지낸 세 분 교수님과 몇몇 지인들이 "청사초롱"이라는 이름으로 가끔 만나서 식사를 함께 하는데 그 또한 의미 있는 시간이다.

결혼하고 가족이 있더라도
때로는 혼자 선택해야 할 때가 있다.
나와 아내는 가족으로서
아이들이 올바른 선택을 하도록
도와주는 역할 밖에 할 수가 없다.
인생을 살아가는데
정답(正答)이 없는 것처럼
애들 훈육(訓育)도 그런 것 같다.

Part VII

마무리

두 딸과 사위에게

사람이 재산

마치면서

두 딸과 사위에게

 부모님이 일찍 돌아가시고 혼자 살면서 여러 번의 시련(試鍊)과 아픔을 겪었다. 그 때마다 주변의 좋은 분들 도움으로 내가 좌절(挫折)하지 않고 버틸 수 있었다.

 그 분들의 은혜(恩惠)를 꼭 갚아야 한다는 생각과 유산(遺産)이라고는 한 푼도 받지 못한 정남진(正南津) 시골의 가난한 집 막내아들이라서 혼자서 살아가야 한다는 굳은 의지(意志)가 나를 여기까지 있게 했다.

 내 자신이 걸어온 길이 결코 평탄(平坦)한 것만은 아니었기에 스스로 정리(整理)해 보고 싶었고, 그런 나의 삶을 두 딸과 사위에게도 전해주고 싶었다. 내가 살아오면서 느끼고 실행(實行)하고자 하는 덕목(德目)을 몇 가지 적어 본다.

첫째, 기본(基本)에 충실(充實)하자.

　나와 아내는 애들을 키우면서 공부하라는 얘기를 거의 하지 않았다. 애들이 공부를 잘 해서가 아니라 공부는 강요(强要)에 의해서 되는 것이 아니기에 스스로 알아서 해야 한다고 생각해서다. 솔직히 공부를 잘하도록 여러 학원(學院)에 보낼 수 있는 형편(形便)도 못됐다.

　다만, 자식(子息)으로서, 가족(家族)으로서 기본적인 도리(道理)는 지키고 살아야 한다는 얘기는 가끔 했다. 4차 산업시대에는 AI가 사람을 대신하는 일이 점점 더 많아지겠지만, 인간관계에 있어서는 최소한의 도리를 지키는 것이 기본이라는 생각이다. 가족 구성원 모두 기본적인 도리를 지켜야 행복한 가정(家庭)이 될 것이고, 사회구성원 각자가 자신의 도리를 다 한다면 건강(健康)하고 따뜻한 사회(社會)가 될 것이요, 국민(國民) 모두가 국민 된 도리를 다 한다면 살기 좋은 나라가 될 것이다.

　최근 코로나19와 사투를 벌이는 의료진과 방역당국의 노력에도 불구하고 확진자가 동선을 속이거나 확진자와 직·간접 접촉으로 검사대상임에도 검사를 거부하는 사람들은 함께 살아가는 사회 구성으로서나 한 국가의 국민으로서의 기본적인 도리를 다 했다고 보기 어렵다.

둘째, 매사에 최선(最善)을 다하자.

　자신에게 주어진 일을 할 때는 최선(最善)을 다해야 한다. 직업에 귀천(貴賤)이 없듯이 무슨 일을 하든 최선을 다하는 사람의 모습은 그 자체로 아름답다. 매사 열정(熱情)을 가지고 적극적인 자세로 직장 생활을 하는 직원은 동료나 상사로부터 칭찬(稱讚)을 받게 되고 자존감(自存感)도 생긴다.

식당 종업원이 밝은 표정과 상냥한 말투로 손님에게 최선을 다하면 음식의 맛을 더하게 되고, 다시 찾고 싶은 생각이 든다. 골프장 캐디(caddie)가 자기 일에 최선을 다하는 모습을 보는 골퍼(golfer)는 기분이 업(up)되어 자신의 플레이에 집중할 수 있게 된다. 그런 종업원이나 캐디한테는 손님들이 팁(tip)을 더 주게 되니 최선을 다하면 본인에게도 득(得)이 된다.

힘들지 않는 일이 없겠지만 그것을 극복(克復)하고 열과 성을 다하는 자세는 간절(懇切)함에서 나온다. 간절하게 최선을 다하다 보면 목표(目標)를 이룰 수 있게 된다.

필리핀 출신 미국이민자 버지니아 아주엘라(Verginia Azuela)는 캘리포니아 리츠칼튼호텔에서 청소부로 일하면서 최선을 다하여 손님을 배려한 청소와 일을 열심히 한 덕분에 그 호텔의 관리책임자로 승진하였다.

셋째, 분별(分別)하고 배려(配慮)하자.

내가 살아오면서 인관간계에서 가장 중요(重要)하게 생각하는 덕목(德目)이 분별과 배려다. 좋은 사람과 나쁜 사람, 자신에게 이득(利得)이 될 사람과 해(害)가 될 사람, 나이를 불문하고 자신에게 배움을 줄 수 있는 사람인지 아닌지를 구분할 수 있는 능력(能力)이 바로 분별이다. 분별할 줄 알아야 고생(苦生)을 덜하고 손해(損害)를 덜 입게 된다. 여러 사람과 어울리면서 분별할 줄 모르면 소위 '분위기 파악 못 한다'는 핀잔을 듣게 되고 때론 '왕따'를 당하기도 한다. 주변 좋은 사람들과의 관계를 현명(賢明)하게 잘하기 위해서는 분별할 줄 알아야 한다.

배려(配慮)는 상대방의 입장(立場)을 헤아리고 이해(理解)하는 마음에서 출발한다. 만원 지하철 쩍벌남이나 사회적 거리두기 2단계 시행에도 마스크를 쓰지 않고 버스나 지하철을 타는 사람에게서는 다른 사람에 대한 배려를 찾아보기 어렵다. 상대방의 입장을 전혀 고려하지 않고 행동(行動)하는 사람과는 좋은 관계를 형성할 수 없다. 내가 주기적으로 만나는 몇 개의 모임이 있는데, 자기주장만을 고집(固執)하는 일부 구성원으로 인하여 모임이 오래가지 못하는 경우를 종종 보아 왔다. 분별과 배려는 우리가 사회생활을 하기 위해 갖추어야 할 기본 요소 중 하나다.

넷째, 신용(信用)을 잃지 말자.

사회생활을 하다보면 여러 가지 약속을 하게 되는데, 약속을 하고 지키지 않은 경우를 종종 보게 된다. 아무리 사소한 약속이라도 약속은 반드시 지켜야 한다. 그런데, 뻔히 지키기 어려워 보이는 데도 순간을 모면(謀免)하기 위해 함부로 약속하는 사람들을 종종 본다. 요행(僥倖)을 바라고 약속을 하는지 몰라도 요행은 문자 그대로 '뜻밖에 운이 좋을 때나 있는 일'이지 언제나 있는 일이 아니다. 그래서 요행을 바라고 한 약속은 대부분 지키지 못한다.

약속을 할 때는 심사숙고(深思熟考)해야 하고, 지키지 못할 약속은 하지 말아야 하며, 약속한 것은 반드시 지켜야 한다. 약속을 지키지 않으면 신용(信用)을 잃게 되고, 신용을 잃은 사람과는 누구도 어울리려 하지 않기 때문에 사회에서 매장(埋葬)당하게 된다. 돈을 잃으면 조금 잃은 것이지만, 신용을 잃으면 전부(全部)를 잃는 것과 다름없다.

20여 년 전 내가 골프를 처음 배울 때, 어느 선배가 '골프 약속을 하면 천재지변(天災地變) 또는 직계 존비속(尊卑屬)이 사망하거나 첩(妾)이 애를 낳기 전에는 반드시 와야 한다'고 했다. 마누라가 애를 낳으면 친정이나 시댁에서 돌봐 주기 때문에 안 가도 되지만, 첩이 애를 낳으면 돌봐 줄 사람이 없으니 가 봐야 하는데, 골프 치는 사람은 그 정도는 양해(諒解)가 된다는 것이다. 우스운 얘기지만 그 만큼 골프약속이 중요하다는 것을 각인시켜 주었다.

골프는 네 사람이 한 조를 이루어 하는 운동이기에 한 사람이 약속을 어기면 나머지 세 사람에게 큰 피해를 주게 된다. 평소 약속시간에 자주 늦는 사람들이 있는데, 결코 좋은 습관이라고 볼 수 없다. 나는 서두르는 편이라 부부동반 모임에 남들보다 일찍 도착할 경우가 많은데, 아내는 너무 일찍 왔다며 억울함을 토로한다. 약속시간에 늦게 와서 다른 사람들에게 미안한 것 보다는 일찍 와서 기다리면 오히려 마음이 편하다고 생각하면 절대 억울하지 않다.

다섯째, 범사(凡事)에 감사(感謝)하자.

　아버지가 일찍 돌아가셔서 의지하고 살던 어머니마저 고2 때 돌아가시자 세상에 나 혼자 남겨졌다는 생각에 눈물도 많이 흘렸고, 돌아가신 부모님에 대한 원망(怨望)도 많이 했다. 하지만 어려운 환경 속에서도 막내아들만은 남부럽지 않게 키우고자 하셨던 어머니의 뜻을 알기에 열심히 살아야겠다는 다짐을 했다. 결혼 후 가진 첫애를 낳으러 산부인과에 갔다가 잃었을 때는 절망감(絶望感)에 정말 앞이 캄캄하고 왜 내게 이런 시련(試鍊)을 주는지 남몰래 숱한 눈물을 흘려야 했다. 성장(成長) 과정에서 명(命)을 다하는 다른 애들에 비하면 고통이 덜하다 애써 위안(慰安)하며 다시 애를 가질 수 있기만을 기도(祈禱)하며 견뎌야 했다.

　은지가 돌이 될 무렵 내가 신장(腎臟)이 안 좋아 이식수술(移殖手術)을 해야 한다는 의사의 얘기를 들었을 때는 정말로 하늘이 무너지는 듯한 큰 충격(衝擊)을 받았다. 그 순간, 어머니가 돌아가셨을 때 '나는 적어도 부모로서 내가 낳은 자식은 결혼(結婚)까지는 책임지겠다'고 스스로에게 했던 다짐을 지키지 못할까봐 두려웠다. 그런 시련(試鍊)과 아픔의 고비 때마다 물심양면(物心兩面)으로 도와주신 고마운 분들 덕분(德分)에 오늘의 내가 있다. 그분들이 '그래도 살만한 세상'임을 내게 깨우쳐 주셨으니 그저 감사(感謝)할 따름이다.

　정년퇴직을 하거나 임기를 마치신 분들이 '대과(大過)없이 마칠 수 있음에 감사(感謝)하다'는 표현(表現)을 쓰는 것은 그만큼 아무 탈 없이 마무리하는 것에 대한 고마움이 절실(切實)하기 때문일 것이다. 평소(平素)에 아무 일없이 지나가는 하루하루가 때론 무료(無聊)하게 생각될 수도 있으나, 시련(試鍊)과 아픔을 겪은 나로선 아무 일없이 지나가는 평소의 일상(日常)이 얼마나 소중(所重)한지 알게 되었다. 그래서 늘 범사(凡事)에 감사(感謝)하고 있다.

　성공철학의 거장인 미국의 나폴레온 힐(Napoleon Hill)은 『당신안의 기적을 깨워라』에서 우리의 삶에 영향을 미치는 두 가지 상황으로 우리의 행동이나 판단의 결과에서 비롯되지 않은 상황과 개인적으로 조절하고 선택 가능한 상황으로 나누었다. 종족이나 계급, 죽음은 우리가 제어할 수 없지만, 탐욕, 가난, 증오심, 정치관, 다툼 등은 개인이 조절하고 선택할 수 있다는 것이다. 결국 어떻게 사느냐는 개인의 선택인 것이다.

사람이 재산

갈수록 평균수명이 늘어나면서 더 오래 일하고 더 오래 살게 되었다. 퇴직(退職)하고도 평균 30~40년은 더 살아야 하는데 돈이 아무리 많아도 그때 어울릴 사람이 없으면 어찌 살 것인가? 그때서야 새로운 사람을 사귀기란 쉽지 않을 것이기에 평소(平素)에 주변 사람들을 잘 관리(管理)해야 한다. 먼저 살아본 경험을 전수해 줄 수 있는 선배(先輩), 시대의 흐름과 변화를 알 수 있는 후배(後輩), 직장생활에서 빼 놓을 수 없는 동료(同僚), 동성(同性)이든 이성(異性)이든 언제라도 마음을 터놓고 차(茶) 한 잔, 소주(燒酒) 한 잔을 같이 할 수 있는 친구가 있으면 금상첨화(錦上添花)일 것이다.

그래서 몇 년 전부터 친구들을 만나면 늘 얘기한다. '우리는 늙어서 파고다공원에는 가지 말자'고. 돈이 아무리 많아도 어울릴 친구가 없으면 노인들이 많이 모이는 파고다공원 같은 곳으로 갈 수 밖에 없는데, 같이 어울릴 수 있는 친구(親舊), 선후배를 많이 만들어 우리끼리 어울리자는 뜻이다. 결국 '돈 보다는 사람이 재산(財産)'인 것이다.

부모님이 일찍 돌아가시고 특별히 물려받은 재산이 없었던 내가 혼자 살아오면서 여기까지 올 수 있었던 것은 주변에서 좋은 분들을 많이 만났기 때문이다. 운 좋게도 그분들이 힘들고 어려울 때마다 내게 힘과 용기(勇氣)를 주셨다. 그러면서 내가 느낀 것은 "그래도 세상은 살만한 곳"이라는 것이다.

농협생명에서 임기를 마치지 못하고 코리안리로 이직할 때도 이해하고 격려해 주신 NH농협금융지주 K회장님과 NH농협생명의 H사장님, 대학 1학년 때 같은 반으로 인연을 맺은 후 같이 총학생회 활동을 했고 현재까지 변함없이 성원해 주시는 H대학 L총장님, 대학 4학년 때 알바 다니다가 몸살이 나서 학교를 못가고 하숙집에 누워 있는데 아는 간호사분을 데리고 하숙집까지 찾아와 내게 영양제를 놔 주시던 Y형님, 김장 때마다 맛있는 김치를 담아 주시는 I누님, 알바하면서 힘들게 대학 다닐 때 장어구이 집에서 생일 파타를 해 주던 J와 광주 친구들, 내가 금감원을 퇴직하고 나오자 사무실에 같이 있자며 자리를 내 주신 C형님, 목이 자주 잠기고 약하다는 내게 손수 담근 유자청, 도라지청을 내주던 KBS별관 앞 맛집 K사장님, 식당 문을 닫게 됐으니 와서 마음껏

드시라고 전화 주셨던 여의도 단골 한식당 L사장님, 그리고 나랑 같이 세상을 함께 헤치며 살아 온 여러 친구와 선후배 등 일일이 언급할 수 없을 정도로 많은 분들의 도움이 있었다.

또한, 항상 고향의 포근한 정을 느낄 수 있게 든든한 울타리가 되어 주는 장생탐진포럼과 JH포럼, 초·중·고등학교 동창회, 금감원동우회, 보감동우회, 금보회, XII-G, 선우회, 광서포럼, InCeo, AM포럼, 청사초롱, 고려대 경영대학 AMP 84기, 세종연구소 17기, 암시랑, 3-G, GST, 이월회, 이금회, 해심회, 분목회, 진지도포럼, NHF4, 이리클럽, 이글파이브, 막동이클럽 등 여러 종류의 모임에 참여하는 선·후배, 친구들의 성원(聲援)에 힘입어 여기까지 왔으니 나는 참 복(福)이 많은 사람이다.

  그 모든 분들께 다시 한번 머리 숙여 감사(感謝)의 인사를 드린다. 앞으로도 그분들과 더불어 즐겁고 행복한 세상을 만들어 가도록 더 노력하며 살 것을 다짐해 본다.

마치면서

　금융감독원과 농협생명에서 같이 근무한 인연으로 저의 졸저(拙著)에 기꺼이 좋은 말씀을 주신 김용환 회장님, 오랜 인연(因緣) 잊지 않고 같이 근무할 수 있도록 배려(配慮)해 주시고 바쁘신 가운데 기꺼이 훌륭한 추천의 글을 주신 코리안리재보험의 원종규 사장님, 고향 선배로서 늘 저를 아껴주시고 성원해 주시며 이번에도 격려의 말씀을 손수 써 주신 우리나라 부동산개발의 선두(先頭) 주자 엠디엠·한국자산신탁 문주현 회장님께 머리 숙여 감사드립니다.

　일찍이 미국으로 이민을 가서 목회자(牧會者)의 길을 걷고 있는 절친(切親) 김선웅 목사, 최근엔 매년 먼 길을 마다 않고 우리나라와 동남아 지역에서 꾸준히 선교활동을 하고 있는 그가 바쁜 순방길에 진솔(眞率)

한 메시지를 보내 왔다. 고맙네 친구! 그래 이제 자주 보세…

보잘 것 없는 나의 기록들을 책으로 펴낼 수 있도록 기회를 주신 중학교 선배 삼보아트 강용석 사장님과 멋진 편집으로 책의 가치를 높여주신 디자인 팀장님, 그리고 직원 여러분께 감사드립니다.

재산은커녕 빚밖에 없던 내게 시집와서 함께 어려운 길을 헤쳐 오면서 분수(分數)를 알고 묵묵히 내조(內助)하며 가정을 지키고 있는 아내 박해연, 부족(不足)한 뒷바라지에도 반듯하게 자라서 자신의 앞길을 스스로 개척해 나가며 내가 살아가는 이유(理由)가 되어준 은지와 해정이, 그리고 톡톡 튀는 아이디어로 창업(創業)하여 열심히 잘 꾸려나가고 있는 듬직한 사위 임승진 군(君)에게 진심(眞心)으로 사랑과 감사(感謝)의 마음을 전하며 이 책을 받칩니다.

붙임 맛보기 유머

(1) 아내사랑 7계명
① 인명재처 : 남자의 운명은 아내의 손에 달렸다
② 수신제가 : 손과 몸 쓰는 일은 제가 한다
③ 지성감처 : 정성을 다 하면 아내가 감동한다
④ 처하태평 : 아내가 낮추면 모든 것이 태평하다
⑤ 처화만사성 : 아내와 화목하면 만사가 형통한다
⑥ 진인사대처명 : 도리를 다 하고 아내의 명을 기다린다
⑦ 처조천조 : 아내를 돕는 자는 하늘도 돕는다

(2) 남편과 강아지

● 닮은 점
① 끼니를 챙겨 줘야 한다.
② 가끔 데리고 놀아 줘야 한다.
③ 복잡한 말은 못 알아 듣는다.
④ 집에 두고 외박하면 측은하다.
⑤ 초장 버릇 잘못 들이면 평생 고생한다.

● 남편이 강아지 보다 좋은 점
① 가끔 돈을 벌어 온다.
② 간단한 심부름을 시킬 수 있다.
③ 훈련없이도 대소변을 가린다.
④ 혼자 두고 여행 갈 수 있다.
⑤ 출입 제한 구역이 적다.

● 강아지가 남편보다 좋은 점
① 화날 때 찰 수 있다.
② 두 마리를 길러도 탈이 없다.
③ 부모 형제 간섭이 없다.
④ 외박하고 들어와도 꼬리치며 반겨준다.
⑤ 갖고 놀다 버릴 때 변호사가 필요 없다.

(3) 강산시리즈
① 여자 혼자 살면 만고강산
② 남자 혼자 살면 적막강산
③ 마음이 맞고 밤도 좋은 남편이 있으면 금수강산
④ 마음은 안 맞아도 밤이 좋으면 행복강산
⑤ 마음도 밤도 안 좋으면 칠흑강산
⑥ 멋진 남편에 애인까지 있으면 화려강산

(4) 여자들이 싫어하는 남자 BEST 4
4위 : 영구 – 영원히 9cm
3위 : 용팔이 – 용 써도 8cm
2위 : 땡칠이 – 땡겨도 7cm
1위 : 둘리 – 둘레가 2cm

붙임 맛보기 유머

(5) 염라대왕 앞 세 여자

아줌마 셋이 같은 날 교통사고로 염라대왕 앞에 갔다. 염라대왕은 각자의 행실에 따라 천당과 지옥으로 가야 한다며 이실직고 하라고 했다.

① 첫번째 여자 : "모태솔로로 살다 결혼했고 결혼하고도 일부종사하면서 살았습니다."
염라대왕 : "그거 어려운 지고, 천국에도 당신같은 희귀종들을 위한 박물관이 있느니라" 하면서 천국의 박물관 키를 줬다.

② 두번째 여자 : "처녀 때는 여러 남자 만났지만, 결혼해서는 일부종사하면서 살았습니다."
염라대왕 : "그것도 쉽지 않은 일이니라" 하면서 천국의 맨 귀퉁이 방 열쇠를 줬다.

③ 세번째 여자 : 제대로 말을 하면 지옥으로 갈 것 같아 거짓말을 할까 망설이다가 그러다 걸리면 큰일 날것 같다는 생각이 들어서, "제가 남자를 좋아해서 결혼 전에도 여러 남자 만났고, 결혼 후에도 여러 남자 만나며 하고 싶은 대로 하고 살았습니다. 알아서 하세요!"
염라대왕 : "고이한 지고!" 하면서 열쇠를 던졌다.
세번째 여자 : "지옥에 가는 겁니까?"
염라대왕 : "아니"
세번째 여자 : "그럼 천국에 가는 겁니까?"
염라대왕 : "아니, 내방 열쇠니라"

세번째 여자 : "감사합니다"하며 90도로 절을 하고는 열쇠를 받아 나오면서 '야호! 여기도 사람 사는 곳이네'하며 속으로 쾌재를 불렀다. 그런데, 방에 들어간지 이틀이 되어도 염라대왕은 안 오는 것이었다. 사흘째 되는 날 기다리던 염라대왕은 오지 않고 산적 같은 놈이 들어왔다.
　　세번째 여자 : "어허, 방을 잘 못 찾은 것 같은데, 여긴 염라대왕 방이요. 대왕님 오시기 전에 얼른 나가시오."
　　산적 : 여자의 뺨을 치면서 "염라대왕한테 돈 줬어 이년아!".

(6) 애인과 부인의 차이
　① 애인은 생일은 기억나는데 나이는 기억이 안 나고, 부인은 나이는 기억이 나는데 생일은 기억이 안 난다.
　② 애인이 머리를 만지면 아래가 서고, 부인이 아래를 만지면 머리가 선다.
　③ 애인이 아프면 가슴이 아프고, 부인이 아프면 머리가 아프다.
　④ 애인하고 즐기다 가면 안락사로 남자들 최고의 로망, 부인하고 즐기다 가면 순직으로 공상처리하여 국가에서 연금이 나오는데 우리나라에서 아직 그 연금을 받은 사람이 없다.

(7) 40이 넘어서 첫 사랑을 만나지 말아야 하는 이유
　① 첫사랑이 잘 살면 배가 아프고,
　② 못 살면 가슴이 아프고,
　③ 같이 살자고 하면 머리가 아프다.

붙임 맛보기 유머

(8) 세상에서 재미 없는 일 세 가지
　① 골프에서 내기 않기
　② 마누라와 블루스 치기
　③ 남자들끼리 무인도 가기

(9) 나이별 애인 유무
　① 40대에 애인 없으면 1급장애자
　② 50대에 애인 있으면 가문의 영광
　③ 60대에 애인 있으면 조상의 은덕
　④ 70대에 애인 있으면 천국의 계단(애인과 즐기다 천국 갈 수도 있음)
　⑤ 80대에 애인 있으면 죽어도 좋아

(10) 애인 수에 따른 분류
　① 애인 없으면 무심한 놈
　② 애인이 하나면 한심한 놈
　③ 애인이 둘이면 양심 있는 놈
　④ 애인이 셋이면 세심한 놈
　⑤ 애인이 넷이면 사심 있는 놈
　⑥ 애인이 다섯이면 심오한 놈
　⑦ 애인이 여섯 이상이면 열심히 사는 놈

(11) 골프 유머

● 골프장에서
① 가장 맛있는 전은 벙커 전
② 가장 맛있는 빵은 안전 빵
③ 마누라보다 무서운 건 내리막 옆라이

● 사자성어
① 금상첨화 : 폼도 좋고 스코어도 좋다
② 유명무실 : 폼은 좋은데 스코어가 안 좋다
③ 천만다행 : 폼은 안 좋은데 스코어는 좋다
④ 설상가상 : 폼도 안 좋고 스코어도 안 좋다

● 골프 삼락(三樂)
① 라운딩 후 사우나에서 남들이 비 맞고 라운딩하는 모습을 볼 때
② 샤워 후 먹는 맛있는 음식과 시원한 맥주 한잔할 때
③ 식사 후 남이 운전하는 차를 타고 자면서 귀가할 때

● 남자가 하지 말아야 할 5가지
① 초년출세 : 일찍 출세한다고 끝까지 잘 나가는건 아니다
② 중년상처 : 중년에 아내를 잃으면 여러모로 힘들다
③ 말년빈궁 : 말년에 돈이 없으면 추해 보인다
④ 첫홀버디 : 첫 홀 버디하면 실속도 없고 그날 스코어가 안 좋다
⑤ 전반OECD : 전반 라운딩중에 OECD에 들어가면 벌금 내기 바쁘다

붙임 맛보기 유머

● 부인과 애인
① 부부는 각자 자기채를 빼지만 애인에게는 채를 갖다 준다
② 부인이 뒤땅을 치면 머리가 나쁜 것이고 애인이 뒤땅을 치면 잔디가 나쁜 것이다
③ 부인의 샷은 못 친 것만 기억나고 애인의 샷은 잘 친 것만 기억난다
④ 부인이 OB내면 OB티에 가서 치라고 하고 애인에게는 멀리건을 준다
⑤ 공이 벙커에 빠졌을 때, 부인에게는 넓은 페어웨이 두고 하필 거기다 치냐고 하고, 애인에게는 이 골프장은 벙커가 너무 많다고 한다
⑥ 부인에게는 30cm 퍼팅도 끝까지 치라고 하고, 애인에게는 3m 짜리도 OK 준다
⑦ 라운드가 끝난 후, 부인에게는 골프는 힘들다고 하고, 애인에게는 골프는 늘 아쉽다고 한다

(12) 암탉이 죽은 이유

어느 날 암탉의 한쪽 눈이 퍼렇게 멍이 든 모습을 본 수탉 친구가 이유를 묻자 수탉이 하는 말 "저게 내가 보는 앞에서도 바람을 피우는데 그럼 가만 두냐?". 며칠 후 그 암탉이 죽자, 수탉 친구가 "너도 바람 피우면서 그렇다고 죽이는 건 너무 심한거 아냐?"하자, 수탉이 하는 말 "내가 죽인거 아냐, 저게 오리알 낳다 죽은 거야!"

(13) So long, So deep

라스베이거스에 간 조폭이 콜걸을 불러 호텔에서 하룻밤을 즐겼다. 아침에 잠을 깨자 여자가 옷을 입고 나가면서 "So long!"하고 작별 인사를 했다. 조폭은 속으로 '내 것이 그렇게 길다는 얘기인가?'라고 생각하면서, "So deep!"이라고 대답했다. 여자는 고개를 갸웃거리며 방을 나갔다.

(14) 아가씨와 마누라

죽어서 염라대왕 앞에 간 맹구가 질문이 하나 있다며 염라대왕께 물었다.

맹구 : "아가씨들은 하나같이 예쁜데 마누라들은 왜 악마 같을까요?"
염라대왕 : "아가씨들은 하느님이 만들어서 귀엽고 이쁜데, 마누라는 너네들이 만들어서 악마 같단다."

(15) 토끼의 색깔

원래 토끼의 털 색깔은 흰색이었다. 어느 날 곰이 응가를 하고 있다가 마침 근처를 지나가는 하얀 토끼를 불렀다.

곰 : "너는 응가를 하면 어떻게 뒤처리를 하길래 그렇게 깨끗하니?"
토끼 : "나는 그냥 닦지 않아도 깨끗해"
곰 : "진짜? 어디 보자." 하면서 곰이 토끼의 등을 잡고 뒤집어 엉덩이를 살펴보자 정말 깨끗했다. 심술이 난 곰은 잡고 있던 하얀 토끼로 응가한 자기 엉덩이를 닦은 후 토끼를 던져 버렸다. 그 후 토끼의 털 색깔이 흰색부터 검은색까지 다양해졌다고 한다.

붙임 맛보기 유머

(16) 미개봉 반납
평생 결혼을 않고 임종을 앞둔 할머니가 조카를 불러서 "내가 죽거든 묘비에 평생 결혼을 않고 처녀로 살다가 죽었다"고 써 달라고 했다. 할머니가 돌아가시자 조카가 석공에게 "처녀로 살다가 죽었다"는 묘비를 부탁했다. 석공이 한참을 생각하더니 글자 수가 넘 많으니 5자로 줄이자고 했다. 조카도 단번에 OK 했다. 석공이 보여준 문구는 "미개봉 반납"

(17) 며느리의 지혜
부부가 시어머니를 모시고 예루살렘으로 성지순례를 갔는데, 그만 시어머니가 심장마비로 사망하고 말았다. 아들은 현지에서 장례를 치르려고 알아 보는데, 며느리는 그럴 수는 없다며 굳이 한국에 돌아가서 장례를 치르자고 했다. 시신 운반 비용 등이 만만치 않았으나 며느리의 주장대로 시신을 비행기로 옮겨 와서 한국에서 장례를 치렀다. 며칠 후 며느리 친구가 "거기서 장례를 치르지 왜 굳이 사서 고생을 했냐"며 핀잔을 주자. 며느리 왈 "만약 거기서 매장했다가 예수님의 은혜를 입어 부활하면 어떡하니? 여기와서 확실히 매장해야지!"

(18) 인공호흡
전날 술에 곯아떨어졌던 남편이 아침에 일어나 보니 거시기가 붕대로 감겨져 있는 것이었다. 아내한테 전날 무슨 일이 있었는지 물었다.
아내 : 응, 어제 저녁에 어떻게 해 보려고 아무리 만져도 서지를 않아서 이제 포기했어, 그래서 사망선고의 표시로 염을 한 거야, 앞으론 성가시게 안 할 테니 걱정 말아요.
남편 : 그랬구나, 내가 술이 넘 취했나 보네, 그럼 염 하기 전에 인공호흡이라도 한번 해 보지 그랬어. 그럼 살아 날 지도 모르는데…

(19) 메뉴판

주지스님이 대웅전에서 불상을 향해 목탁을 두드리면 염불을 하는 중에 야하게 차려입은 호스티스 세 명이 들어와 주지스님 옆에서 108배를 하는 것이었다. 염불이 끝나자 옆에 있던 동자스님이 주지스님께 조심스럽게 물었다.

동자스님 : 주지스님! 아까 염불하실 때 옆에서 108배를 하던 아가씨들 쪽으로 힐끗힐끗 하시던데 그래도 되는 겁니까?

주지스님 : 진한 향수와 옷이 너무 화려해서 보았느니라, 이놈아! 금식한다고 메뉴판도 못 보냐?

(20) 교미의 횟수

만물을 창조한 조물주가 동물의 교미횟수를 정하는 자리, 쥐와 호랑이, 사람이 순서대로 줄을 서 있었다. 조물주가 쥐에게 "너는 한 달에 한 번"하고 말하자, 호랑이는 속으로 '쥐가 한 달에 한 번이니 나는 최소한 쥐보다는 많겠지' 하면서 기대를 하고 있었는데, "너는 일년에 한 번!"하는 것이다. 호랑이는 자기 귀를 의심하며 되물었다. "일년에 한번!" 조물주가 다시 말하자 호랑이는 눈이 뒤집어져서 조물주에게 다가갔고 조물주는 도망가기 시작했다. 결국 조물주와 호랑이가 뛰자 그 뒤에 있던 사람도 호랑이를 뒤따라 가며 조물주에게 소리쳤다. "나는 어떻게 하라구?" 그러자 다급한 조물주가 도망가면서 하는 말 "너는 니 맘대로 해라!".

동물들은 수태(受胎)가 되면 교미를 하지 않는다고 한다. 그러나 그날 이후 사람은 수태와 관계없이 언제 어디서나 서로 눈만 맞으면 하게 되었다고 한다.

붙임 맛보기 건배사

(1) 직장 회식

- 미사일 : 미치도록 사랑하고 일하자. "미사일!" → "발사!"
(발사하고도 안 마시면 폭발할 수도 있으니 조심하도록 멘트)
- 지화자 : 지금부터 화끈하게 자리하자. "지화자! → 조~오~타!"
- 쓰리고 : "선배는! → 끌어주고!, 후배는! → 밀어주고!, 회사는! → 도와주고!, 다같이! → 원샷!"
- 여기저기 : 여러분의 기쁨이 저의 기쁨. "여기! → 저기!"
- 누나언니 : 누가 나의 편? 언제나 니편. "누나! → 언니!"
- 거시기머시기 : 거두절미하고 시원하게 기쁜 맘으로 잔을 주자. 머뭇거리지 말고 시키는 대로 기분 좋게 마시자. "거시기 → 머시기"
- 아싸가오리 : 아낌없이 사랑하고 가슴에 오래 남는 리더. "아싸! → 가오리!"
- 마마무 : 마음껏 마시되 무리하지 말자. "마마무! → 그러자!"

(2) 모임

- 건배사
① 건강을 위하여, 배우자를 위하여, 사랑을 위하여. "건배! → 사랑합니다!"
② 건강하게 삽시다, 배 나오면 안됩니다, 사랑하며 삽시다.
   "건배! → 사랑합시다!"

- 여친남친 : 여태까지 친하게 지냈는데, 남은 인생도 친하게 지내자.
  "여친! → 남친!"
- 이기자 : 이런 기분 좋은 자리 자주 만들자. "이기자!" → "그러자!"

- 이멤버리멤버 : 지금 이 순간을 함께하는 이 멤버를 영원히 기억하자는
  의미로 "이멤버! → 리멤버!"
- 무한도전 : 무조건 도와주자 한도 없이 도와주자 도와달라고 하기 전에
  도와주자 전화하기 전에 도와주자.
  "무한! → 도전!"
- 소취하당취평 : 소주에 취하면 하루가 즐겁고 당신(당구)에 취하면 평생이
  즐겁다
  "소취해! → 당취평!"
- 트리풀 : "남자는? → 파워풀!, 여자는? → 뷰티풀!, 인생은? → 원더풀!"

- 화향백리(花香百里) – 아름다운 꽃의 향기는 백리를 가고
  주향천리(酒香千里) – 맛있는 술의 향기는 천리를 가고
  인향만리(人香萬里) – 좋은 사람의 향기는 만리를 간다
  "화향! → 백리!, 주향! → 천리!, 인향! → 만리!"

- 싱글벙글 : 골프는? → 싱글!, 인생은? → 벙글, 사랑은? → 이글!

- 해당화
① 해가 갈수록 당당하고 화려하게
② 해가 갈수록 당신만 보면 화가 나
  "해당화처럼! → 삽시다!"

붙임 맛보기 건배사

(3) 세트 건배사

- 소화제 : 소통과 화합이 제일이다.
- 마취제 : 마시고 취하는게 제일이다. "소화제!" → "마취제!"

- 사우디 : 사랑과 우정을 디질때까지
- 아우디 : 아줌마(아가씨, 아재)들의 우정도 디질때까지. "사우디!" → "아우디!"

- 마피아 : 마음을 나누고 피를 나눈 아름다운 우리들(가족, 모임, 단체)을 위하여
- 빠삐용 : 빠지지 말고 삐지지 말고 용서하며 살자. "마피아!" → "빠삐용!"

(4) 송년회

- 송구영신 : 송해처럼 건강하게 삽시다. 구봉서처럼 웃으면서 삽시다.
  영탁이처럼 노래하며 삽시다. 신구처럼 느긋하게 삽시다.
  "송구! → 영신!!"
- 언감생심 : 언제나 유쾌하게 감정은 절제하고 생각은 긍정적으로 심장은
  열정적으로
  "언감! → 생심!"
- 한려수도 : 한해동안 고생 많으셨습니다.
  여러분 덕분에 목표를 달성했습니다.
  수고한 만큼 보상하겠습니다.
  도전은 계속됩니다.
  "한려수도 → 조~오~~타!"

(5) 신년회

- 신년회 : 신나게 출발합시다. 연말에 웃읍시다.
  회사에서도 적극 지원하겠습니다.
  "새로운 출발을! → 위하여!"
- 비행기 : 비전을 가지고 행동하면 기적을 이룬다. "비행기! → 날자!"
- 나가자 : 나도 잘되고 가도 잘되고 자도 잘되자. "나가자! → 당근!"

(6) 골프장

- 천고마비 : 천천히 고개들지 말고 마음을 비우자. "천고! → 마비!"
- 니어롱기 : "우리사이 → 니어리스트", "우리인생 → 롱기스트"

- 홀인원 : 홀인원은 동반자 여러분 덕분입니다/ 홀인원을 축하해 주셔서 감사합니다.
  인내하며 기다려 온 행운을, 원없이 나눠드릴 수 있어 행복합니다.
  "홀인원! → 축하합니다!"

- 비기너 : 비켜라 공이 어디로 튈지 모른다. 기똥차게 맞으면 롱기스트도 하지만, 너무 힘을 줘서 쪼르르도 자주 난다.
  "비기너 → 파이팅!"

※ 위 유머와 건배사는 그 동안 제가 듣거나 인터넷에서 본 것, 그리고 제가 만든 것 등을 모아 정리한 것입니다.